まんがで身につく 伝える力

池上彰［著］
星井博文［シナリオ］
anco［作画］

PHP

はじめに

「自分の思いをうまく人に伝えられない」

そんな歯がゆい気持ちを持っている人が、こんなにもいるとは。ＰＨＰビジネス新書『伝える力』は予想外の反響を得て、２００万部を突破しました。手に取っていただいた人たちに感謝です。

『伝える力』は、私がＮＨＫを辞めてフリーランスになった直後にＰＨＰ研究所の編集者から話があり、企画がスタートしました。

ＮＨＫ時代に経験したこと、考えたこと、とりわけ「週刊こどもニュース」を担当して気づいたことなどを記しました。少しはお役に立つかとは思いましたが、まさか、これほど多くの人に支持されるとは驚きでした。皆さん、「伝える力」を身につけたいのですね。

私たちは、日頃から多くの人たちと会話をしていますが、「伝えたい」と思っていることが、どれだけ相手に伝わっているのでしょうか。意外に伝わっていないのではないか。私はいつもそんな思いを抱いています。

その理由は何か。私たちは、どうしても独りよがりになりがちです。「このくらい、相手もわかってくれるだろう」と勝手に考え、自分の思いを一方的に話してしまうのです。これは、自分が他人の話を聞く立場になったときに気づくはずです。

難しい言葉やカタカナ言葉を連発する人。本人は「自分はこんなことまで知っているんだぞ」と上機嫌かも知れませんが、相手は理解できないでいるかも知れません。本人があまりに気持ちよさそうに話しているので、「何のことかわからないのですが」と口を挟めないだけかも知れないのです。

あるいは、あなたは自分が完全には理解できないことを、さも知っているフリをしながら伝えていることはありませんか。理解できないと、難しい用語を未消化のまま伝えてしまいます。自分が本当に理解できていれば、やさしい言い方に言い換えることができるはずです。

そんな方法や心構えを、より多くの方に知っていただこうと、マンガ版も出すことにしました。マンガ版は、私から学ぶ若い女性を中心にストーリーが展開されます。「オレはそんなに偉くないぞ」と恥ずかしいかぎりですが、文字だけでは伝えきれない真髄が見えてきます。極めて実践的な内容に仕上がっていますが、新書版も読んでいただきたいと願っています。

あなたも「君の話はわかりやすいね」と言われるようになりますように。

ジャーナリスト　池上　彰

『まんがで身につく「伝える力」』もくじ

主な登場人物

牧　小春（24）
うぐいすレストラン入社2年目。広報部に異動となり、取引先や後輩などとのコミュニケーションに悩む。

高木寛治（35）
小春の上司で、課長。小春を厳しく指導するが、親身になって悩みを聞くという一面もある。

遠井美桜（23）
小春の後輩。小春が教育係に指名される。

池上　彰
ジャーナリスト。コミュニケーションにとって大事なことを小春に伝える。

プロローグ　伝える力とは?

雑誌とかで美人広報なんて特集されちゃったりしたらどうしよお～～!!
特集
美人すぎる広報
(株)うぐいすレストラン
牧 小春さん(24)
きゃ～～～っっ
エへへ…
だ…大丈夫か?
あの時は広報という仕事に夢と希望でキラキラしていた
けれど実際は…
広報部
おい牧 なにやってるんだ!

しっかり記事のチェックしたのか!?
うぐいすレストラン
○○店オープン!?
これじゃあうちの会社のイメージが下がるだろ!!
小春の上司
高木《たかぎ》 寛治《かんじ》(35)
すみませんっ
ちゃんと言ったつもりなんですが…
ばんっ
つもりじゃ困るんだよ!
2年間なにを勉強してきたんだ!
すみません…
仕事のできない自分に直面することになった——…
はああ…

ずーん…
私は広報に向いていないのかもしれない…
小春の友人 ゆり
どうかしたの？
仕事でミスのオンパレード…
ミスって？
私はちゃんと伝えているつもりなんだけど
相手にきちんと理解してもらえないの
あるある
大人になってはじめてコミュニケーション能力がどれだけ大切かがわかるよね
商談・プレゼン 企画書 etc…
言いたいことを正しく伝えるのがこんなに難しいとは思わなかった…

池上彰の
ニュース総決算
池上さんのような人は私みたいな失敗したことないんだろうなぁ……
翌日
えっ
池上彰さんとお仕事!?
私が!?
ああ うちの会社でオウンドメディアが立ち上がることは知ってるよな?
は…はい
会社が行っている食への取り組みや社会貢献などを多くの人に伝えるためのサイトですよね

そうだ
その目玉連載が
池上彰『農業の未来』に
決まったんだ
おお〜〜っ!!
う…うちのような
会社でよく
連載引き受けて
くれましたね
うちのような
会社だと？
ギロッ
いや…
いい意味で…
うちの社長と池上さんは
旧知の仲でな
会社の宣伝ではなく
「農業の未来についての記事なら」
ということで
承諾してもらったんだ
うちは食材にすごく気をつかっているだろ？
なるほど
池上さんには毎月
農業の現状や
最先端技術など
現地に行って
取材してもらう
つもりだ

君は同行して池上さんのお手伝いをしなさい
ビシッ
わ…わかりました！
あの池上彰さんと一緒に仕事できるなんて…！
わーいっ
広報になってよかったぁ！
取材日当日
よ
池上彰です
どうぞよろしく
わ―本物だあああ
よろしくお願いしますっっ！

うちはドローンを使って農薬を散布しているんですよ
なるほど　これなら時間も人件費も削減できますね
やっぱり池上さんってすごい…！
あっという間に取材相手に信頼されている――…

お疲れ様です
池上さんの取材
とても勉強に
なりました
ありがとう
やっぱり池上さんの
コミュニケーション能力は
すごいですね
私
全然うまく
いかなくて…
ん？
どうかしたの？
いやいや
池上さんに
お話しするような
ことじゃないので
まだ時間あるから
聞かせてよ
そ
そうですか…
実は――…

――なるほど
すみません大した話じゃなくて…
わかるよ私も若い頃はそうだったからね
そうなんですか？
NHKのかけだしの記者だった頃原稿をデスクに渡すと『何が言いたいかさっぱりわからん』ってよく怒られてたよ
ええ!? 本当ですか？
池上さんが!?
カチンとはきたけど よくよく考えると私には『伝える力』が足りないと思ったんだ
伝える力？ なんですかそれは…？

伝える力とは『話す』だけじゃなく『聞く』『書く』などのコミュニケーション能力のことさ
『話す』『聞く』『書く』…
そして『伝える力』は自分の努力次第でどんどんと伸びていくものなんだ
えっ
私も池上さんのようになれるってことですか?
ははは もちろん それ以上にだってなれるよ

ほ…
本当ですか…！
お待たせしました！
取材の準備ができましたので引き続きよろしくお願いします
スッ
わかりました
――…

プロローグ▼解説

この本で「伝えたい」こと

「伝えたい」気持ちは人間なら当然

「アラスカで見たオーロラ、とてもきれいだったよ。キミにも、ぜひ見せてあげたいな」

「あの映画、とても感動したわ。映画を観て泣いたのは何年ぶりかしら。絶対、おすすめよ」

「このあいだのプレゼン、しっかり準備しただけあって、バッチリだったよ。部長からもほめられたんだぜ」

……こうしたセリフ、あなたも一度や二度、吐いたことがあるでしょう。

えっ、アラスカなんかに行ったことはない？　オーロラなんて、テレビでしか見たことがない？

もちろん、このままのセリフをあなたが言ったことがあるとは、私も思ってはいません。アラスカが「函館《はこだて》」で、オーロラが「夜景」だって、全然構いません。

人は誰でも、おもしろいことや感動したこと、珍しいことなどを見たり、体験したりしたときには、ほかの人に伝えたくなるものです。あなたも、心揺さぶられることがあれば、それを誰かに伝えたくなるのではないでしょうか。

子どものころを振り返れば、「ねぇねぇ、聞いて、聞いて。あのね……」と誰もが言っていたでしょう。この気持ちは、大人になっても多くの人が持ち続けているはずです。ほかの人に何かを伝えたい。その思いは、人間が社会的動物である以上、当然のことです。

無人島に一人でやってきて、きれいな夕日を見たとしたら、感動した後、その感動をすぐに伝える相手がいないことに寂しさを覚えるはずです。その光景をきっと誰かに伝えたくなるでしょう。

『伝える力』とは、「話す・書く・聞く」力

この本では、特にビジネスパーソンを念頭に置いて、「伝える力」の高め方について書いています。

この本でいう「伝える」には、「話す」ことと「書く」ことの両方を含みます。

さらにいえば、この本では「聞く」ことも「伝える」ことの一つと考えます。相づちを打ったり、返事をしたり、目をジッと見たり、あるいは反対に目をそらしたりする行為も、相手に何かしらを「伝える」ことになるからです。**こうして考えると、「話す」「書く」そして「聞く」行為は、まさに「コミュニケーション」です。**

コミュニケーション能力は、現代人にますます問われるようになっています。商談や会議、打ち合わせ、プレゼンテーション、企画書や報告書の作成、電話での交渉、メールを使った連絡、ファクス、手紙等々、人に何かを伝え、人とコミュニケーションをとる機会は増える一方です。それらによって、業績が左右されることも往々にしてあります。

ビジネスパーソンなど現代人に必須の能力といえる「伝える力」。では、その力はどうやって磨き、高めていったらよいのでしょうか。

この本では、そのヒントをできるだけ「伝え」ていこうと思います。

第一章
相手の立場になって伝える

コンプライアンスのための
リスクマネージメントを
コーチングするプログラムを
ディベロップメントしましたんで
よろしくお願いします
え…
あ
はい……
数日後
うぐいす
レストラン
おい 牧！
クライアントが再度
説明してくれって
言ってきてるぞ

えっ
どうしてですか？
しっかり説明したはずですが…
知るかっ
お前はなにをしに行ったんだ!!
す…
すみません…
また怒られた…
しゅん…
いったいなにが悪いんだろう……
——…
コト.
高木さん…
そのなんだ

失敗を重ねてこそ 成長の糧《かて》となる
どんな人間も いきなりなんでも できるわけじゃない
コホン。
…元気づけて くれてるん ですか？
いっ
一般論だ！
くす。
まぁ相談なら いつでものるから
あ。
ではさっそく いいですか？
え？
会議室
なるほど…
確かにお前には 伝える力がないな
グサッ
うっ

ただ俺も若い頃は同じ悩みを持っていたよ
えっ そうなんですか？
だから俺は上司がどういうふうに取引先の人と話をして聞いて 考えているのか観察しまくったな
ガタッ
なるほど！
ぽんっ
サッ！
バッ
せっかく池上さんの取材音源や原稿があるんだ
池上さんの伝える力を研究してみよう！

もしかして…！
！
数日後
ブロロ…
あの
池上さん
この前
お話しして
いただいた
伝える力ですが…
あぁ
どうかした？
あの後池上さんの
インタビューを
聞き返したり
送ってもらった原稿を
研究してみたんです
勉強熱心
だねぇ
そして自分なりに
出した結論なんですが…

池上さんが
伝える時は
相手の立場になって
伝えているように
感じたんです
ほお
どうして
そう思ったの？
インタビューされた
農家の方は
AIを使うことで
収穫が増え売上が
3倍に上がったん
ですよ
と
おっしゃったのに
池上さんの
原稿では
AIによって収穫量が
増えたことで
・・・
消費者が作物を
買い求めやすくなり
売上も3倍になった
と書き直して
いらっしゃったんです

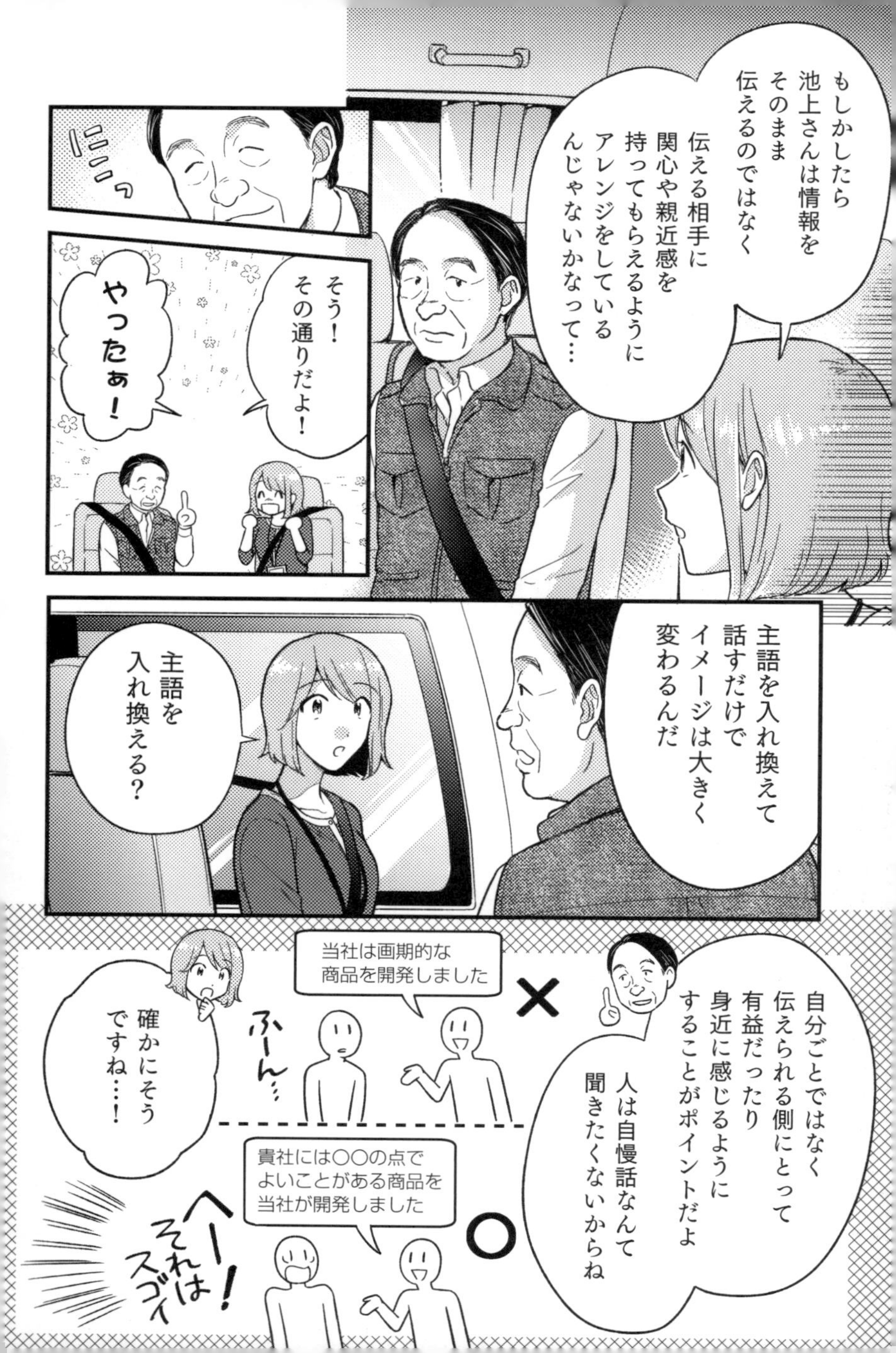

もしかしたら池上さんは情報をそのまま伝えるのではなく
伝える相手に関心や親近感を持ってもらえるようにアレンジをしているんじゃないかなって…
ニコッ
そう！その通りだよ！
やったぁ！
主語を入れ換えて話すだけでイメージは大きく変わるんだ
主語を入れ換える？
自分ごとではなく伝えられる側にとって有益だったり身近に感じるようにすることがポイントだよ
人は自慢話なんて聞きたくないからね
当社は画期的な商品を開発しました
ふーん…
×
貴社には○○の点でよいことがある商品を当社が開発しました
へー！それはスゴイ
○
確かにそうですね…！

せっかくだから伝える力のポイントをいくつか教えてあげよう
本当ですかっ!
まず大切にしなければならないのが
『自分が知らないことを知る』
『謙虚にならなければ物事の本質は見えない』ということだ
昔ね『週刊こどもニュース』という子供たちにニュースを説明する番組をやっていたんだ
見てました!

番組で『日銀』を
解説する時――
『日本銀行は日本の中央銀行で
銀行券の発行ができ
市中銀行及び政府に対して
貸し出しや国庫金の
収支業務を行う銀行』と
いう言い方をしたら
ギンコウケン
ってなに?
シチュウ
って?
子供たちが
理解するわけ
ない
子供たちは
疑問をそのまま
口に出す
その時
しっかり深くまで
理解していないと
疑問に答えられなく
なるなって実感したんだ
確かに…
私もなんとなく
わかったつもりに
なっているものが
多そうです
どんなことでも
知っていると
思い上がらず
まずは自分が
知らないことを
知ることがポイントだよ

じゃあ理解を深めるためにはどうしたらよいか
それは人の意見に謙虚に耳を傾けることだよ
『これでいい』『完璧だ』なんて思っている人間は独りよがりになりやすく成長しないからね
なるほど…
その点 君は自分に足りないモノに真摯《しんし》に向き合い本質を見ようとする姿勢が素晴らしい
エヘヘ…
さて
ではこれらのことを前提にしてどうすれば伝える力が身につくか
わー!
知りたいですっ!

到着しましたー
ええっ
ここからなのにっ!
ぐすん…
またあとでね
これはAIで…
417ppm
32.1℃ 6.1
CO2
うずうず。。。
お疲れ様でした!

今回もとてもいい取材になりましたね
ありがとう
RRR
ではさっそくさっきの続きを…
ピッ
ちょっと失礼
そうですか今からですか
わかりましたすぐに向かいます
ごめんね大きなニュースが入ったから今から現地に取材に行かないと
えっ
バタン
それじゃあ
ブロロ…

そ
そんなぁ～…
ガックシ…
ハッ
パチ
はあぁ…
せっかく伝える力が
身につけられる
ところだったのに…
——ということに
なっていたんですね
なるほどねぇ
すごいなぁ
今日起きた出来事を
もうわかりやすく
解説してるなんて…
News NEEDS
池上彰が今日のニュースを解説

池上さんの解説は本当にわかりやすいですね
なにかコツとかあるんですか?
そうですねぇ
私は記者の時に『中学生にもわかる原稿を書け』と訓練を受けました
へぇ それはどうしてですか?
メモ メモ
Good
人は難しい言葉を使えば立派なことを言った気になりがちですがそれでは伝わらない
中学生でもわかるような易しい表現に置き換えることは深く理解していないとできないことなんです
わかりやすい表現
本質への深い理解
臨機応変な対応
本質さえ理解していれば相手に対し臨機応変の対応ができます
なるほど

なので
相手に説明する時は
難しいことも
簡単に話すことを
意識しています
だから
わかりやすいん
ですね
言われてみれば
池上さんの原稿は
私でも理解しやすい…
へぇ…
わかりやすく
説明できると
相手の反応が
全然違いますからね
反応？
表情が変わらなかったり
つまらなさそうな顔を
していれば
話に興味がない証拠
反対に
『へぇ』という感嘆の言葉が
バロメーターになります
！

確かに言ってしまってる…
へぇ…
理解していないと疑問に答えられなくなるなって実感したんだ
え…!
自分の『伝える力』が高まったという手応えは相手の反応なんだ…
私の場合はどうだろう…
え…
あ はい……
私の話し相手はいつもつまらない顔をしてた…
はぁ…
やっぱり伝わってなかったんだ……

小泉元総理大臣も
答弁の時には
わかりやすくすることに
こだわっていたんですよ
えっ
あの
小泉元総理も？
はい
特に
カタカナ用語を
使わないように
徹底していたんです
NO! カタカナ用語
え？
どうして
カタカナ用語は
ダメなんですか？
自分の周辺では常識的に
使われている言葉でも
外に出れば
そうでなくなることは多く
それでは
コミュニケーションに
ならないし
相手は煙《けむ》に巻かれた感じで
不快に思うかもしれない
ですよね
！
ハッ

カタカナ用語を使うと相手に知的な印象を与え格好も良い
そしてなんとなくわかったような気にもなる
しかしその意味を追求されると案外答えに窮してしまう
だからカタカナ用語を使うのは互いに通じる相手だけに限るんです
コンプライアンスのリスクマネージメントをコーチングするプログラムをディベロップメントしましたんでよろしくお願いします
私の言葉が伝わらなかった原因の一つはそこだったのかもしれない…

僕たちも
気を付けないと
いけませんね
そうですね
それでは次の
ニュースですが…
………
ぐっ!!
これからはちゃんと
『伝わる言葉』で
話をしよう…!!

数日後——…
うぐいす
レストラン
牧
ちょっと来い

わ私…またなにかやらかしましたか…?
いや
おそるおそる…
取引先の担当者から君の説明がとてもわかりやすくて良かったって話になってな
えっ!
ほ本当ですか…!
カタカナ用語をやめて相手の立場に立って伝えて正解だった!

この調子で頑張れよ
はいっ
ありがとうございます！
俺を観察したんだな？
わかるぞ～
やれやれ
違いますっ

第一章▼解説

あいまいな状態で話さない

どうすれば相手は関心を持つか

主語を入れ換えて話すだけで、相手が受ける印象はかなり変わります。

次の例を考えてみてください。キャスターがテレビでニュースを読んでいるところを想定しています。

Ａ　○△鉄道会社は運賃を値上げすることになりました。

Ｂ　皆さん、○△鉄道会社の運賃が値上がりしますよ。

いかがですか？　伝えている内容はまったく同じですが、受ける印象はだいぶ違いませんか

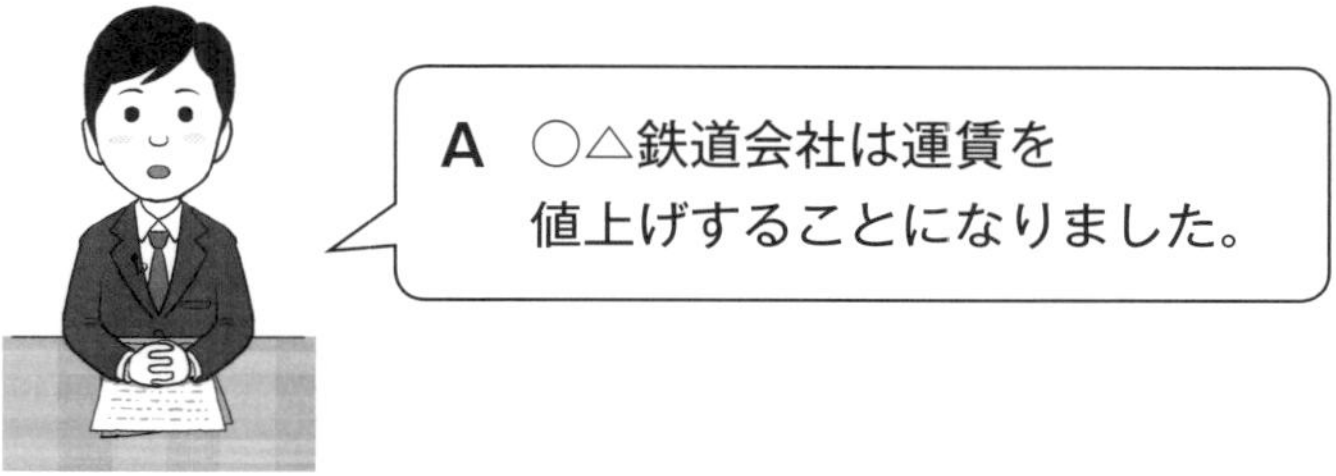
A　○△鉄道会社は運賃を
値上げすることになりました。

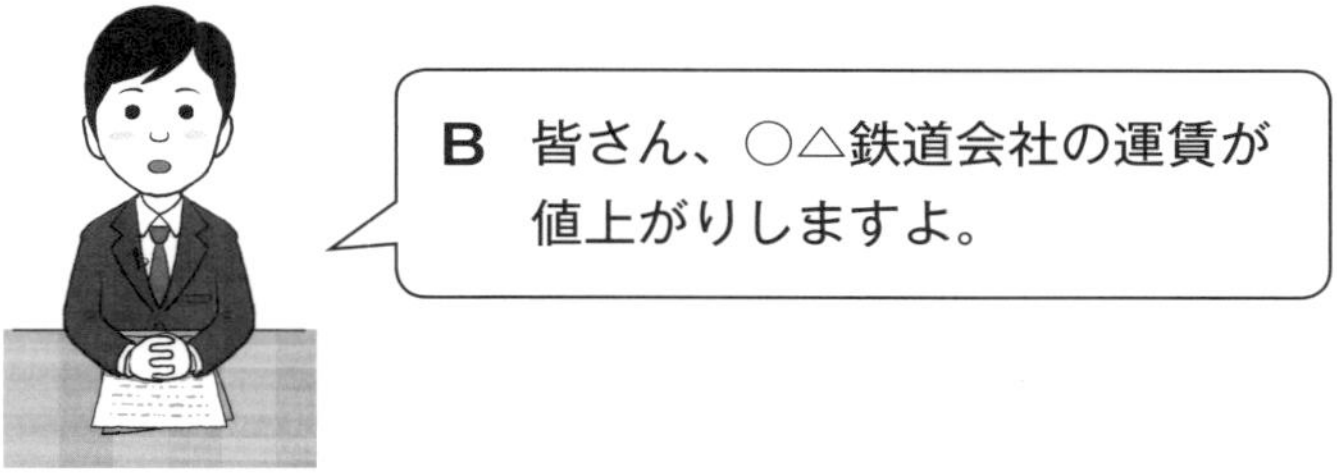
B　皆さん、○△鉄道会社の運賃が
値上がりしますよ。

Bのように話さなければ、視聴者は関心を持たない

か？

　なぜそう感じるのでしょうか。

　Aの視点は、○△鉄道会社にあります。○△鉄道会社を主語にするということは、○△鉄道会社が言いたいことを伝えていることになります。○△鉄道会社の主張を代弁しているとも言えます。これでは、視聴者の心に響きません。

　では、Bはどうでしょうか。

「運賃が値上がりする」と言うことで、Aよりも、視聴者になんらかのメッセージが強く伝わります。「なんらかの」というのは、たとえば、家計の負担が増すようになるから対策をとったほうがいいですよ、ということでもあるし、今後、定期券を買うときは今までより高くなるから注意してください、ということにもなります。

さらに、「皆さん」と呼びかけることで、視聴者に関心や親近感を持ってもらえる効果も期待できます。

こうして考えてみると、Bのほうが断然、視聴者の心に届くニュースを伝えられることに気づくでしょう。


相手の立場になって考え、話したり書いたりすることが大切なのは、もちろんニュースを伝える場合にかぎりません。当然、ビジネスパーソンが取引先などに何かを伝えるときにも当てはまります。たとえば、

「当社は画期的な新商品を開発しました」

と言うだけでは、相手は自慢話を聞かされている気分になるだけで、心を動かされません。

「当社が新たに開発した商品をお使いいただくと、貴社には○□のよいことがあります」

あるいは、

「貴社には○□のよいことがある商品を、当社が新たに開発しました」

と言うことで、初めて相手はその商品に関心を持つことができるでしょう。

「日銀」とは何か、説明できますか？

いきなりですが、質問です。

あなたは、日銀が何をしているところかご存じですか？

中学校や高校で一所懸命勉強をして、それ相応の知識を持っている人は得意満面にこう答えるかもしれません。

「日本銀行とは日本の中央銀行で、銀行券の発行ができ、市中銀行及び政府に対する貸し出しや国庫金の収支業務を行なう銀行です。また、金利の操作や公債の受け渡し・回収を通して通貨の増減を図っています。いわば発券銀行であり、銀行の銀行であり、政府の銀行でもあります」

と。

なかなか立派な解答だと思います。

経済学の教科書にもこのように書いてありますから、模範解答として、満点をもらえそうです。

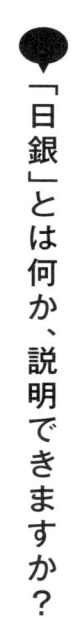

では、日銀とはどんなところか、小学生に説明してみてください。

「日銀は発券銀行でね……」と言ったとたん、彼らは、

「ハッケンギンコウって何ですか？」

と聞いてくるでしょう。「何をハッケンするの？」と聞かれて、小学生が「ハッケン」を「発見」だと誤解していることに気づくかも知れません。

もう少し噛み砕いて「お札を発行する銀行なんだよ」と説明しても、

「エーッ？　お札を発行するって、私たちにお金をくれるの？」

なんて聞かれてしまいます。

相手は手強い。

なぜ手強いかというと、素朴な疑問を持って、それをそのまま口に出すからです。

「日銀は市中にお金を供給しているんだよ」とでも言おうものなら、

「シチュウって何？」

「キョウキュウするってどういうこと？」

と聞かれるでしょう。

実はそうした素朴な疑問こそ、往々にして本質を衝《つ》いているものです。

子どもたちから矢継ぎ早にそうした質問を受けていると、

「あぁ、自分は日銀について、本当にわかっているんだろうか。いや、何もわかっていないんじゃないか」

ということに気づかされます。

「伝える」ために大事なこと。
それはまず自分自身がしっかり理解することです。自分がわかっていないと、相手に伝わるはずがないからです。

深く理解していないと、わかりやすく説明できない

そういう私も、日々、学ぶことの多い身です。

私がとりわけ「自分の『伝える力』はまだまだだな」と思い知らされたのは、NHK時代に「週刊こどもニュース」を担当していたときです。

「週刊こどもニュース」についてはマンガでも取り上げていました。ここで少し説明しておきましょう。

「週刊こどもニュース」とは、日々のニュースを、子どもたちにわかりやすく解説することを

目的にしたＮＨＫ総合テレビの番組です。一九九四年から二〇一〇年まで放送されました。

私はこの番組に一一年間、出演していました。

この「週刊こどもニュース」では、本当に勉強させてもらいました。誰にかといえば、それはなんといっても、子どもたちに、です。

大人には通じる〝常識〟が子どもには通じない。知識も社会経験も、大人に比べると少ないのですから当たり前です。

まずは「自分が知らないことを知る」

社会に出て何年か経つと、世の中のことがなんとなくわかったつもりになるかも知れませんが、実はわからないことがたくさんあるのです。

その証拠に、といってはなんですが、子ども向けに作っているはずの「こどもニュース」には大人のファンも大勢います。大人も、ニュースの中身をあまり理解していないというのが私の実感です。

日銀が金利を引き上げたとき、「日銀は金融機関同士が貸し借りしている資金の金利水準を一定にしていて、この金利を引き上げた」という説明をしたら、「なぜ公定歩合《こうていぶあい》だと説明しないのだ」という抗議電話が何本もかかってきました。実は日銀は、公定歩合で金利を決めることをとっくにやめているのですが。

あるいは、「年金は、若い人が払った保険料がお年寄りに渡されます」という説明をしたら、お年寄りたちから、「若い者の世話にはなっとらん。我々が昔払った保険料を積み立てて、それを受け取っているだけだ」という抗議電話が多数かかってきました。これも思い込みですね。今は制度が変わっているのですが。年金制度を理解しないで年金を受け取っているお年寄りが大勢いることがわかりました。

実はわかっていないのに、わかったつもりになっている人が多いのですね。

たとえば、日々のニュースではしばしば登場する「逮捕」という言葉。その令状である逮捕状は誰が出すかご存じでしょうか?

多くの大人は警察だと思っています。

でも、それは間違い。正しくは裁判官です。

このことは、暗記するだけでは「わかった」ことにはなりません。なぜ裁判官なのかまで突き詰めて考えてみましょう。

警察が自由に逮捕状を発行できるようになったら、それこそ警察国家になってしまいます。国民の人権を守ることができ、法律に詳しく、第三者の目で客観的に判断することができるのは誰かと考えていくと、適任は裁判官に行き着きます。

物事をここまで掘り下げて理解したとき、初めて「わかった」といえるでしょう。

「週刊こどもニュース」を制作してみて、「警察庁」と「警視庁」、そして「検察庁」の違いも、理解していない人が多いと実感しました。

番組あてに「警察庁と警視庁は、どう違うのですか?」という質問が寄せられたため、模型を使って、両者の違いを説明したことがありました。

すると、番組を見た大人の視聴者から「検察庁と警視庁の違いがよくわかりました」という反応があって、ガッカリしたこともあります。

ちなみに、警察庁は「全国の警察本部をとりまとめている国の役所」で、警視庁はいわば「東京都の警察本部」のことです。警察庁のトップは警察庁長官で、警視庁のトップは警視総監。そして、検察庁には検察官がいて、警察が捜査した内容をチェックして裁判に起訴したり、独自に捜査したりする機関です。

イスラエルとパレスチナの争いは今も続いていますが、この背景を理解している人も少ないのですね。ユダヤ教だけでなく、キリスト教とイスラム教も『旧約聖書』を聖典にしていることや、三つの宗教はいわば兄弟の関係にあることなど、知らない人が多いのではないでしょうか。

日頃、新聞やテレビで「イスラム原理主義の過激派が……」とか「アメリカの大統領は神に宣誓し……」とかいったニュースを見聞きしていても、深いところまで理解している人は少ないのです。

自分がわかっていないと、人に正確に、わかりやすく伝えることは不可能です。

私は自分の「知らないこと」を子どもたちの「素朴な疑問」によってたくさん知らされました。あるいは、私が知っていることでも、知らない大人が大勢いることを初めて知りました。

彼らの疑問は時に本質を衝きます。

「ねえねえ、ユダヤ教とイスラム教の人はどうして争っているの?」

「キリスト教の人はユダヤ教とイスラム教、どっちの味方なの? それはなぜ?」

「日本の宗教は何?」

こうした質問に正確に答えられる人は多くはないでしょう。

まずは「自分が知らないことを知る」。

「伝える力」を高めるには、このことに気がつく必要があります。

謙虚にならなければ、物事の本質は見えない

こうして見てくると、「伝える力」を高めるためには、自分が深く理解することが必要であるとわかります。

では、理解を深めるにはどうしたらよいのか。そのためには、まずはその前段階として、「自分がいかに物事を知らないか」を知ることからスタートするしかありません。そして、事実に対する畏《おそ》れを持つことも大切です。

私の若いころの話です。

NHKの記者をしていた私は、警視庁記者クラブに所属して、殺人事件の取材を担当していたことがあります。

警察官や現場近くの人から話を聞いて、原稿を書く。それがテレビのニュースになるのですが、翌朝、新聞を開くと、私の知らないことが載っていてびっくりすることがありました。

同じところに行き、同じものを見て、現場の人から話を聞いていたはずなのに、できたものはまったく違う。

これは単に私に取材力が足りなかったからだけなのですが、かなり落ち込みました。いかに自分が何もわかっていなかったかを思い知らされました。

ここに一つの事実があって、自分はその事実を書いた。でも、こっちにもまた別の事実があった。そのことにはまったく気づかずに、ほんの一面だけを見て、知ったつもりになって、それで原稿を書いていたのです。

こうしたとき、私は**「わかったつもりは怖い」**と痛感したものです。それとともに、事実や物事に対して「謙虚になることが大切」であると身に沁《し》みて感じました。

知ったつもりになっても、実は知らないことは、誰にも山ほどあります。謙虚になれば、それが見えてきます。逆にいうと、謙虚にならないと何も見えてこないし、成長も上達もしません。

たとえば、二十代のビジネスマンが何か報告書をまとめたとしましょう。

よくまとまっていて、自分では会心の出来だと思っています。

しかし、上司や先輩から見れば、稚拙《ちせつ》なところが目につくし、内容ももう一歩ということは決して珍しくありません。

それを「自分の報告書は完璧だ」「非の打ち所がない」などと思っていると、成長は間違いなくそこで止まってしまいます。

ＮＨＫの駆け出し記者だったころ、取材して書いた原稿をデスクに渡すと、「このあたりの事実関係をもっと詳しく調べろ」とか「何が言いたいのかさっぱりわからない」とか言われて、デスクに原稿を突き返されることが日常《にちじょう》茶飯事《さはんじ》でした。

そのときはカチンときても、言われてみればその通り、ということばかりでした。

少なくとも文章で物事を伝える場合、人の意見を聞くことなく上達することは、まずありません。特に文章力に根拠のない自信を持っている人は、独りよがりの文章を書きがちで、読む人の立場を考えていないことが多いものです。

まずは謙虚に、人の意見に耳を傾けることから始めましょう。

プライドが高い人は成長しない

謙虚に人の意見に耳を傾けることは、とても重要なことです。

世の中には「自信家」といわれる人がいます。

「オレは頭がいい」

「私は優秀だ」

「オレの営業成績を抜けるヤツはいないさ」

「運動神経なら誰にも負けない」

……

自信家とは、こうした人たちです。


自信を持つことは、一面ではとてもよいことです。自信を喪失して、意気消沈していては、いい仕事ができるはずはないでしょう。

しかし、その自信が過剰になると、えてして傲岸《ごうがん》不遜《ふそん》になり、他者から学ぶことを拒むようになります。


これは文章力や話術に関してもいえます。

「オレは文章がうまい」

「私は話すのが得意。交渉なら誰にも負けないわ」

自信があって、結構なことです。こうした自信を持っているのであれば、その自信は胸の内でひっそりと温めておく程度がよいでしょう。あなたが本当に文章がうまく、話し方が魅力的な人であっても、まだまだ伸びる余地はあるのですから。

「伝える力」に自信があってもなくても、最も大事なことは「聞く耳を持つ」ことです。そして、他者の意見に「謙虚である」ことです。

羽生結弦《はにゅうゆづる》選手は研究することをやめましたか？

爆笑問題は学びの手を緩めていますか？

いずれも「否」でしょう。

若いころ、私の知り合いに、自分が書く原稿に絶大な自信を持っている人たちがいました。デスクが修正を指示しても言うことを聞かなかったり、デスクが書き直した原稿を後で見直したりしていなかったのです。彼らのその後の人生を見ると、少なくとも「記事や原稿を書く」ことに関しては、成長があまり見られませんでした。

中央官庁のキャリア官僚と付き合うこともありましたが、「この人、なんでこんなにプライドが高くて、エラそうな話し方をするんだろう」という人は、いつしか姿を消していきました。

反対に、ざっくばらんな性格で、こちらの話をきちんと聞いてくれる人は、どんどん出世して、官僚のトップである事務次官にまで上り詰めたりしています。

三十数年間に及ぶジャーナリスト生活を振り返って、一つ明らかにいえるのは、よけいなプライドを持っている人は「そこまで」だということです。意味のないプライドが邪魔をして、成長できるせっかくのチャンスを自らみすみす逃してしまうのです。

実にもったいないことです。

「難しいことも簡単に」書く、話す

私が記者として訓練を受けたときは、「中学生にもわかる原稿を書け」と指導されたものです。新人の新聞記者も、同じことを言われています。

しかし実際には、それとはほど遠い原稿がはびこっています。

「難しく書くことは簡単だが、わかりやすく書くことは難しい」のです。

難しいことをそのまま難しく表現することは実はとても簡単です。47ページで紹介した「日銀の説明」のように、教科書に載っているような説明をすればよいのですから、教科書を見たり、そこに書いてあることを暗記したりすれば事足ります。

しかしこの場合、言ったり書いたりしている本人がそのことの意味を本当には理解していないことが往々にしてあります。わからないから、噛み砕いて簡単に説明することができないのです。

難しく書けば（言えば）、立派なことを書いた（言った）気になるのは、勘違いも甚《はなは》だしいのですね。難しいことでも簡単にわかりやすく書いたり、話したりすることこそ、実は難しく、高度な能力なのです。

難しいことをやさしく表現したからといって、中身自体の質が高ければ、中身が色褪《いろあ》せることはありません。

噛み砕いて表現できるのは、そのことについて、深く理解しているからこそなのです。本質をしっかり理解していれば、やさしい言葉に置き換えることは可能ですし、相手に対し、臨機応変の対応もできます。

「簡単なことは簡単に」「難しいことも簡単に」
これは、何かを伝えるときの基本です。

相手の「へぇー」を増やす

自分の「伝える力」が高まったという手応えは、どうしたら得られるのでしょうか？

まず相手の反応を見ることです。

表情が変わらなかったり、つまらなそうな顔をしていたりしたら、相手はあなたの話にさほど興味を持っていないことになります。

反対に、あなたの話に興味を持つと、大概の人は「へぇー」という感嘆の言葉を発するものです。相手のこの「へぇー」は、一つのバロメーターです。

会議で発表したり、取引先に新製品をプレゼンテーションしたりするとき、聞き手がどこで反応するか、注意して見ていましょう。

自分がおもしろいと思っていたところで、「へぇー」という反応が起こることもあるでしょうし、予想外のところで好意的な反応が出ることもあるでしょう。

自分の予想外のところで受けたときは、自分のプレゼンテーションがなぜうまくいったのか、後で確認しておきましょう。その秘密がわかれば、次の発表でも、その手法を使うことができるはずです。

企画やプレゼンテーションの類ではなく、日常の会話でも、相手がどんなときに「へぇー」という反応を見せたか、注意して見ていましょう。そのときの内容を覚えておいて、別の人に話すときには、その部分をキーワードにしてみようなどと考えることもできます。

この「へぇー」を増やすには、まず自分自身が「へぇー」と思うことも大切ですね。自分がおもしろいと思わないことを他人に伝えても、普通は、他人もおもしろいとは思わないからです。そのためにも、おもしろいところを自分なりに探してみましょう。おもしろいところを探そうと努力することが、結局は自己のプレゼンテーション能力を高めることにつながります。

カタカナ用語は社外の人には使わない

カタカナ語の使用は、時と場合によります。たとえば、会社や部署の中で日常使われているカタカナ語があれば、それを社内や部署の中で使う分には問題ないでしょう。

「コンテンツ」
「コンプライアンス」
「シーズ」
「シナジー」
「リスクマネジメント」

などなど、こうした用語をふだん使っていて、それで互いに意思疎通ができているのなら、それはそれで構わないと思います。

ただし問題は、そうしたカタカナ語を、社外や部外の人と接するときにまで使ってしまうことです。しかも当たり前のように使う。

これは、まったく勧められません。

たとえば、あなたがスーパーの店員だとして、お客さんに、

「ここの通路、狭くて、危険じゃないかしら。もうちょっと広げてくれませんか」

と言われたとします。

そこであなたが、

「お客さま、当店はコンプライアンスを守っていますし、リスクマネジメントもしっかりしております。どうぞご安心ください」

などと答えたら、どうでしょうか? まさに場違いな返答であることがわかるでしょう。

お客さんは何を言われたのかさっぱりわからない可能性がありますし、バカにされたと思って怒り出すかもしれません。

これは少し極端な例ですが、あなたがふだん使っているカタカナ語がそのまま社会一般でも普通に使われているとはかぎりません。少しでも専門性のあるカタカナ語は、原則として部外

や社外の人には使うべきでないでしょう。

これはカタカナ語にかぎらず、専門用語や業界用語についても同様です。

たとえば、テレビ業界の人が一般の人にインタビューをして、「押してるので、ちょっと巻いてください」などと言っても、意味が通じないことが十分に考えられます。「押している」というのは「予定の時間より遅れている状態」のことです。対して「巻いている」は「予定の時間より早く進んでいる状態」のことです。だから「押してますよ。巻いてください」は「遅れているので、急いでください」の意味になります。

業界用語を使うと、失礼に当たることもあります。自分たちにだけ通用するような言葉を使われると、協力してくれた人は疎外されているような気持ちになったり、バカにされていると感じてしまったりするかも知れません。

第二章

「聞く力」「褒める力」「叱る力」

MENU
――それでねっ
これまで使っていたカタカナ用語をやめて池上さんの言う通りにしたら
スムーズにコミュニケーションができるようになったのよ
GOOD
ふーん…
『中学生にもわかる原稿を書け』って池上さんが若い頃言われたって聞いたから
私もできるだけわかりやすく伝えるようにしたんだ
ふぅん…

池上さんが教えてくれたことで考え方が変わったの！
これからも広報としてしっかりしないとっ!!
がんばるぞー!!
……
終わった？
へ？
はー…
さっきからず〜〜っと池上さんと仕事の話ばっかり
なーに？智也ったら妬《や》いてるの？
んもー
そんなわけないだろっ
ふ〜…
…今日は一緒にいてもつまらない

オレ帰るわ
えっ
ガタ
なんでよ
映画観に行くんでしょ!?
なによ…
うぐいす
レストラン
今日から広報に配属になった新しい仲間だ
遠井です
よろしくお願いしますっ
もう〜〜〜〜
…………

もんもん…
なんなのよ智也のやつ…私のなにが悪かったのよっ
…き
牧！聞いてるか！
ビクッ
はは、はい！
君が教育係として彼女に教えてやってくれ
私がですか!!
高木さん…
なんだかんだ私のこと認めてくれてるんだ…
いつも怒ってばっかなのに…
わかりました！任せてください!!
おー
頼むぞ
よろしくおねがいしまーす
私にも後輩ができたんだ嬉しい～♪
よろしくね～～

プレスリリースは必要な情報が抜けていないか
誤字脱字もチェックするの
何が誤字で何が脱字なのかわかりません
!?
遠井さん記事の訂正はできてる?
あ
執筆者さんにお願いしたんですけどダメって言われちゃいました
えっ
言われちゃいましたって…
だったら折衷案を提示しないと!
へ〜
そうなんですか?難しいですね
いくつか代案を作ってあげるからもう一度連絡して!
は〜い

カタ
カタ…
え…
その作業まだ
終わってないの？
もう納期
明日だよ？
すみません
だって…
だってじゃ
なくて…
口よりまず手を
動かして!!
………
はぁい…
教育係がこんなに
大変だとは
思わなかった…

東京
はあ…
おや
どうかしたの？
なんだか疲れている
ようだけど
！
そんなこと
ないですよっ
そういえば
池上さんのおかげで
仕事がうまくいくように
なったんです！
私のおかげ？
この前話が
途中だったよね
？
実は…

なるほど
本当に研究熱心だね
けど伝える力は『話す』『聞く』『書く』の3つのコミュニケーション能力のことだって言ったよね
伝える力とは『話す』だけじゃなく『聞く』『書く』などのコミュニケーション能力のことさ
そういえば…
これまでの内容は『話す』だけど
実は伝える力で大切なのは『聞く』ことなんだ
つまり『よい聞き手』にならないといけない
よい聞き手…？
例えば一流の営業マンに必須な技術ってなんだと思う？
それは…
自社の商品の特徴を伝えることじゃないですか？

そう思いがちだけど
大切なのは相手の話をじっくり聞くことなんだ
それじゃ商品の良さが伝わらないじゃないですか！
人はね
自分の話を聞いてもらうと嬉しいんだよ
だから話を聞いてくれる人に親しみを持つし好感度も増す
そうなれば同じような商品でも
多少高くても親しみやすい営業マンの商品を選んでしまうものなんだ
ニーズの把握
話す
さらに相手の話を聞いてるから
何を求めているかがわかり商品提案もできる
ニーズに合った商品提案
安心
好感度UP
そっか…！

相手が興味を持っている
話題を振って
相づちをうったり
うなずいたりすれば
相手は
気持ちよく
話してくれるよ
そうすれば
聞き手のことを
好きになってくれる
『聞く』ことはとても
重要なスキルなんだ
はあ〜…
考えたこと
なかったです…!
お待たせしました
みなさん
お揃いに
なりました!
若手農家
座談会
NATURAL FARM
では
よろしく
お願いします

私はスマート農業を率先して導入してます
商売相手はすでに海外になっていますね！
うちはオーガニック野菜で希少価値のあるものを積極的に取り扱っているんです
NATURAL FARM
なるほど…
あの姿勢が『よい聞き手』かぁ
それにしてもみんな本当に自分の話ばっかり…

お疲れ様でした！
池上さんの言う通りでしたね
なにが？
みんな自分のことを話すのに一生懸命で…
ははは
結構多いからねぇ
客観的に見ればわかりやすいけど…
牧さんも自分の話ばかりしてない？
いや…
そんなわけ…

ある…かも……!!
は~
思いあたる節が…!!
さっきからず〜〜っと池上さんと仕事の話ばっかり
そういえば彼氏にも自分の話ばかりしてつまらないって言われました…
あと後輩が何か言おうとしても遮《さえぎ》って
自分の考えを押しつけてしまったり——
なるほど
ちなみにその後輩への言葉には『愛情』があるかな?
そう
愛情…ですか?
愛情があれば強いことやキツイことを伝えても信頼関係が壊れることはないんだ

頑張ってほしいと思ってるので愛情はあるつもりなんですけど…
それが伝わっているかわからないです
初めての後輩なんでどう教育したらいいのかわからなくて――
そうだな…
やはりこれも『聞く』がポイントになるかな
え？
例えば叱る場合には必ず理由があるはずだ
・凡ミス
・やる気が見られない
・取引先に迷惑をかけた
etc…
叱る目的はその状況を指摘して改善させ自覚を促すこと
ただし後輩にも言い分があるはずだから
それを聞いてあげなければ信頼関係は築けない
具体的にはどうやって…？

まず
叱る時の原則は
『一対一』だよ
え…！
私…人のいる所で
叱ってました…
人前で叱ると
叱られている方は
恥をかかされている
意識が先立って
話の内容には
意識が向かなくなる
恥ずかしい
早く終わって
もうイヤ
牧先輩
ムカツクー
下手をすれば
恨みも買うし
心も閉ざして
しまうかもしれない
ひえええええ
さらに叱る前に
褒めることも
ポイントだね
叱るのに
褒める？
いきなり叱られると
良い気持ちはしないし
反発心が先立ってしまう
可能性もある
う〜ん…
だから原則として
まず褒めるんだ！
叱るのはその後
む…
難しい
……

じゃあ
具体的に言うよ
もし君が上司に
君は出社がいちばん早いし仕事にも意欲的だ
でもこの前のY社への対応はいただけない
あれでは先方さんの気分を害するのも当然だ もっと丁寧な対応をすべきだった
って言われたらどう思う?
素直に聞けますね
じゃあ今度は後でフォローするパターンだ
この前のY社への対応はいただけない
あれでは先方さんの気分を害するのも当然だ もっと丁寧な対応をすべきだ
君は出社がいちばん早いし仕事にも意欲的なだけに残念だ
わ!!!
全然感じ方が違います!!
フォローが頭に入ってこない!!

それじゃあ今度は褒める場合はどうするか？
適切な褒め方があるんですか？
ニコッ
もちろん
数日後
広報部
牧 戻りました－
全国3,000店舗でご当地メニューの提供開始！
プレゼントキャンペーンも
チェック お願いします。 遠井
あの子…

遠井さん
ははいっ
ガタッ
褒める時は…みんなの前で褒めてあげてね
みんなの前で？
人前で褒められた当人は嬉しいし誇らしく思える
それと同時に周りにいる人たちも『よし！自分も頑張ろう』という気持ちにもなれるでしょ
──…
遠井さんこれとてもよくできているわ
えっ

私が伝えたことをしっかり理解してくれていたのね
私嬉しい！
……！
だって…
牧さん私のために必死に教えてくれるから…
！
それに応えられるように私も頑張らないとって思って…
遠井さん…
私の愛情がちゃんと伝わっていたんだ…！

牧さんのおかげですっ
ありがとうございます！
ううん
こちらこそありがとう！
レストランのお客様から『WEBの連載楽しみにしています』って声が上がっているそうだぞ
！
──でね
上司が俺の作った企画書を褒めてくれてさ
MENU

君のこととても期待しているって認めてくれてるんだ
へぇ〜!
先方からの評判もいいみたいだし
うんうん
俺そのうち大きな仕事すると思うよ!
それはすごいねぇ
『おもしろい話ができる』『話がうまい』は才能の一つだけど
『人の話にきちんと耳を傾けることができる』こともビジネスパーソンに求められる大事な資質の一つだよ
V6の井ノ原さんやTOKIOの国分さんが人気があるのは
聞き役が上手で身振り手振りを加えて目を輝かせて話を聞いてくれるからだね
誰だって気持ちよく話せるんだ
カラン
とはいえ…

自慢話
人の話に耳を傾けるってきちんと結構難しいな…
ペラ
ペラ
キャ
ふうん…
フフフ
反省…。
私もこんな感じだったのか…
…る
これからも
小春！
ヘっ!?
俺の話聞いてんの？
アハハハハハ
も…もちろんだよ～っ！
やだなー
んでその時オレが～……
……～～～！
……………
私も気を付けよう…
トホホ…
でね！今度は部下がさぁ～
いつまで続くのぉ～!?

第二章▼解説
叱るとき、褒めるときの原則

「よい聞き手」になるために

ビジネスパーソンの中でも営業担当には、「相手の話を聞く」姿勢が強く求められます。商品の特長を並べ立てて、いかに優れたものか、一方的に話す営業マンがいますが、果たしてそれで業績は上がるでしょうか。

もちろん商品の特長を説明することも大切ですが、それよりまずは相手に話をしてもらって、その話をじっくり聞くことです。

相手が話をしたくなるような話題を振って、時に親身になり、時に感心し、時に大きくうなずいて、相手に気持ちよく話してもらうのです。

人は自分の話を聞いてもらうと、存外うれしいものです。まして初めて会った人が自分の話を熱心に聞いてくれると、感動すら覚えたりします。自分の話を聞いてくれる相手には当然、親しみを持つし、好感度も増します。

お客は、商品を選ぶのではなく、商品を売りに来たセールスパーソンを選んでいるのです。

営業担当としては、相手が話していることを聞いていれば、相手が何を求めているかがわかります。「だったら、こんな商品はいかがですか」という商品の提案もできるようになるでしょう。

常に「おかげさま」の気持ちを持って、陰口や悪口は慎み、相手の話をじっくり聞く姿勢を持つ。

そうすることで、好感度や信頼はずいぶん高まるし、「伝える力」にもいっそう磨きがかかることでしょう。

好感度の高いタレントの秘密

好感度といえば、思い出す人たちがいます。

タレントで、V6の井ノ原快彦さんとTOKIOの国分太一さんです。

「R30」というTBSのテレビ番組（関東地方のみ放送）に出たときのことです。

私をゲストにして、二人が聞き手役です。

一時間ほど、かなり一方的に話してしまいましたが、疲れるどころか、たいそう心地よかったのです。

収録後、どうしてあれほど気持ちよく話せたか考えてみると、彼らが私をうまく乗せてくれたからだと気がつきました。

「へぇー」はもちろん、

「それ、おもしろいですね」

「スゴイですね、それは」

「それは知らなかった」

「それで、どうなったんですか？」

「ぼくにも教えてくださいよ」

などの反応がポンポン返ってきたのですから。

しかも、時に身振り手振りを交え、身を乗り出しつつ、目を輝かせて聞いてくれます。これなら、誰だって気持ちよく話してしまいます。

彼らの好感度が高いのもむべなるかな。これならモテるはずだと合点がいきました。

自分のことばかり話さない

同窓会に行ったときのことです。

一方は高校の同窓会、もう一方は大学です。

このとき、おもしろい体験をしました。

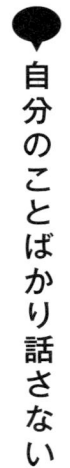

まず高校の同窓会です。

この同窓会には、女性も大勢来ていました。

「あらー、久しぶり」

「元気にしてる?」

このあたりは、旧友との再会であれば、どの集まりも似たり寄ったり。でも、この後がいただけない。

「私、最近、○×□なの。それで△□でね……」

と延々と続きます。

最初のうちこそ、興味を持って聞いていますが、ずっと聞かされていると、さすがにウンザりしてきます。一方的に話を聞かされるのですから、当然です。

一方の大学の同窓会に出たときには、みんな見事な対応をするなと感心しました。自分の近況を報告するだけではありません。ほかの人にも声をかけ、近況をしっかり聞き出しています。

聞くときには、興味津々の様子で、大きくうなずいたり、首をひねったり、さらには手を打ったり。

みんな、自分が話すことと人の話を聞くことのバランスがとれているのです。あっという間に時間が経ちました。

この二つの同窓会は、なぜこれほど違った雰囲気だったのでしょうか。

一方は高校の同窓会で、もう一方は大学の同窓会だから？　高校生のころのほうが若いころの仲間だから、ついつい気が緩んで、自分のことばかり話してしまう。一種の馴《な》れ合いがあったから？

……うーん、大きな原因には、とても思えません。

自分の話ばかりを延々とする人は、会社勤めをしていなかったり、その経験がほとんどなか

ったりした人たちだったのです。「社会性に欠けている」とは、こういうことを言うのかと思ったものです。

もちろん個人差もありますし、一概に言えることではありませんが、その違いがコミュニケーションのとり方の差になって現われたような気がするのです。

ビジネスパーソンでも、自分のことばかり話す人はいます。

そういう人のコミュニケーション能力は高いといえるでしょうか？　社内外の人とうまくコミュニケーションがとれているでしょうか？

「おもしろい話ができる」「話がうまい」というのも才能の一つです。ビジネスパーソンにとって、大きな武器になるでしょう。

しかし、それだけで円滑なコミュニケーションをとれるわけではありません。

「人の話にきちんと耳を傾けることができる」のも、ビジネスパーソンに求められる資質の一つです。これをおろそかにする人に、よい仕事はできないと思うのです。

その言葉に「愛情」はあるか

失礼なことを言ったり、悪口を言ったりするけれど、なぜか大きな問題にならずに、逆に好感を持たれる人がいます。

一方では、口が悪いままに、嫌われてしまう人も大勢います。

この違いはどこにあるのでしょうか？

それは、ひと言でいえば、**愛情の差**ではないかと、私は思っています。

愛情がないと、強いことやキツイことはなかなか言えません。愛情がないのに、強いことやキツイことを言うと、相手の心を傷つけてしまうだけでなく、反感や恨みを買ってしまうことにもなるでしょう。

NHKで「週刊こどもニュース」を担当していたころ、私はスタッフの若い連中をよくからかったり、けなしたりしていたものです。反感を持たれていたかも知れません。

でも、自分で言うのもなんですが、自分がボロクソに言っていたにしては、彼らからそれほど反感を持たれていなかったという思いがあります。私が彼らに愛情を持っていたからです。

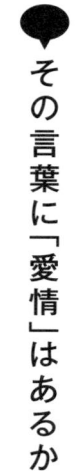

たまに面と向かって真面目に褒めると、その意外感から、相手が感激してくれるという意外な副産物もありました。

相手に対する愛情が根底にあるかどうか、そして、互いの信頼関係が築かれているかどうかで、表面上は同じ言葉であっても、相手に与える印象は大きく異なるものです。

綾小路さんや毒蝮さんの毒舌が受け入れられるわけ

芸能人の中には、毒舌で売る人が大勢います。ビートたけしさんや綾小路きみまろさん、毒《どく》蝮《まむし》三太夫《さんだゆう》さん。いずれも人後《じんご》に落ちない〝毒舌家〟といっていいでしょう。

でも、彼らは人に嫌われているでしょうか？　彼らの毒舌を聞いて、気分を害する人がいるでしょうか？

もちろん、なかにはいるかも知れないし、時と場合によっては「それは言いすぎだよ」と思うこともあるかも知れません。

しかし多くの人は、あるいは多くの場合は、彼らの毒舌によってイヤな気持ちになることはないのではないでしょうか。

たとえば、綾小路さんが「失敗は、顔だけで十分です」とか「きれいな方ばっかり……首から下が」とかと言っても、言われている人たちは、大笑いします。怒り出す人は誰もいません。

なぜか。一つには、綾小路さんから滲《にじ》み出る人柄が伝わるからだと思うのです。

さらにいえば、「あなたのことが好きですよ」という思いが聴衆なり視聴者なりに伝わるからでしょう。

これがもし普通の会話で発せられたら、大問題になりかねません。職場で女子社員に向かって、「キミ、失敗は顔だけで十分だよ」なんて言ったら、それこそセクハラです。

毒蝮さんの毒舌ぶりもかなりのものです。公開ラジオ番組で、年配の人に向かって、「汚ねェババアだな」とか「くたばりぞこない」とか、これでもかという毒舌を投げかけます。

ところが、言われた当人は怒るどころか大喜び。周りにいる人も一緒に笑っています。

毒蝮さんの場合もやはり、背後には愛情があって、それが言われた人にも周りにもわかるのでしょう。

それに加えて、こうした人たちは有名人であることがプラスに働いています。逆にいうと、一般の人はこの点を差し引いて考えないといけない。

「あのテレビに出ているきみまろさんが、私をからかってくれた」「ラジオでいつも毒舌を吐いているまむしさんが、私のところに来てくれた」といった思いが言われた人にはあるのです。

ここはしっかり認識する必要があるでしょう。有名人でもないビジネスパーソンが、「あのように過激なことを言えば、相手は心を開いてくれるのか！」などと思うのは、勘違い以外の何物でもないのです。

一般の人が買い物に訪れた店先で「この汚ねェババア。くたばりぞこないのくせしやがって」なんて言おうものなら、それこそ大変なことになります。「でも、ありがとね」などとフォローしたところで収まるものではありません。そこが毒蝮さんとの大きな違いです。

安易なマネはくれぐれも慎まれますように。

相手の話に乗らないことで信頼を得ることもある

悪口や陰口は当然、ビジネスをする上でも気をつけるべきことです。ビジネスパーソンは、少なくとも顧客の前ではよその会社の悪口やうわさ話を絶対に言ってはいけません。

車を買おうかどうしようか迷いながら、ある販売店に行ったときのことです。

気になる自動車のそばで、買うかどうか迷っていると、営業マンが近づいてきて、

「テレビによく出ている○△さんがこのあいだ、私から車を買ってくれたんですよ」

と話しかけてきました。

私がテレビに出ている人間だと彼が気づいたのかどうかわかりませんが、あの有名な○△さんが買ったほどの車だから、いい車ですよと言いたかったのでしょう。

でも、私はいやな感じがしたのですね。

「この人はあちこちで客の話をしているんだな。もし私がここで車を買ったら、『池上彰さんも、この車を買ったんですよ』なんて言うかも知れない。私が知らないところで、私のうわさ話をするんだろうな」

そう思った私は、この販売店で買うのをやめました。

ビジネスパーソンが信頼を得るには、口が堅いことが必要です。

たとえば、取引先の人があなたに、

「キミは▽□商事も担当しているんだって？　あそこの社長は無理難題ばかり言ってきて、大変だろ」

と言ったとします。

この場合、

「ほんと、そうなんですよ。あの社長にはまいっちゃいますよ。実はこのあいだも……」

なんて返すようでは、ビジネスパーソン失格。あなたに話しかけてきた取引先の信用すら失いかねません。

たとえ本心では快く思っていないとしても、

「いえいえ、そんなことはないですよ」

などとかわすか、

「あそこの社長さんにもお世話になっていますから」

というレベルの返答をすべきでしょう。そうでなければ、笑ってごまかしても構いません。

その反応を見た相手は「コイツは口が堅いし、取引先のことを悪く言わないな」と思って、あなたに信頼を寄せるでしょう。

叱るのは「一対一」が大原則

上司や先輩の立場になると、部下や後輩を叱らなければならない場面が出てくるものです。褒めるときも、当然出てきます。どのように叱り、どう褒めればいいのでしょうか。

まずは叱るとき。

大原則は、一対一で叱ることです。

叱る際には、それなりの理由があります。凡ミスをしたとか、やる気が見られないとか、取引先に迷惑をかけたとか。叱る一番の目的は、その状況を指摘し、改善させることです。ということは、本人に自覚を促せば事足りること。わざわざほかの人がいる前で叱りつける必要はありません。

ほかの人がいるところで叱ると、叱られているほうは恥をかかされている意識が先に立って、注意している内容には意識が向かない可能性があります。

それだけでなく、恨みを買うことにもなり、その部下や後輩はもはやあなたに心を開かなくなるかも知れません。

ただ、状況によっては、ある一人をほかの人がいるところで叱ることが効果的なこともありうるでしょう。

たとえば、部内で同じようなミスが頻発していたとします。AさんもBさんもCさんも、何度かそのミスを繰り返していた。

そうした状況のときには、その部でいちばん仕事のできるAさんを呼びつけて、みんながいる前でそのミスを指摘し、叱ることで、BさんやCさん、その他の人たちにも注意を促すという方法もあるでしょう。

巨人軍をＶ９に導いた元監督の川上哲治さんは、新人選手を叱咤激励するときには、当時スター選手だった長嶋茂雄さんを大きな声で叱りつけたそうです。そうすることで、チーム全体を鼓舞《こぶ》しようとしたのでしょう。

でも、こうしたやり方は高等テクニックと考えるべきです。川上さんと長嶋さんの例をいえば、二人には厚い信頼関係があったからこそ、できたことでもあります。もしみんなの前でＡさんを叱った場合、後で、こっそりＡさんだけを呼び出し、みんなの前で叱った理由を説明して納得してもらうというフォローが必要でしょう。

叱るのは、あくまでも「一対一」を原則とすべきです。

褒めるときは「皆の前で」

叱る際にもう一つ大切なのは**「叱る前に褒《ほ》める」**ことです。

「ミスをしたり、やる気が見られなかったりするから叱るのに、どうして褒めるんだ？」と思う人もいるかも知れませんが、人には誰しもよいところはあるものです。

周りに誰もいないからといって、いきなり叱られたのではいい気持ちはしないし、反発心が先に立ってしまうかも知れません。そこで、原則としては「まず褒める」。叱るのはその後です。

たとえば、次のケースを考えてみてください。あなたが注意を受けている立場として、どんなふうに感じるでしょうか。

「キミは出社するのはいちばん早いし、仕事にはずいぶん意欲的に取り組んでいると思う。でも、このあいだのY社への対応はいただけないな。あれでは、先方さんが気分を害するのも当然だ。もっと丁寧な対応をすべきだったな」

いかがでしょうか？

評価もしてくれているし、頭ごなしに言われているわけではないので、素直に聞こうという気持ちになるのではないでしょうか。

では、次の言われ方はどうでしょうか。

「キミ、このあいだのY社への対応はいただけないな。あれでは、先方さんが気分を害するのは当然だ。もっと丁寧な対応をすべきだったな。キミが朝早くに出社して、意欲的にがんばっているのは知っているだけに残念だ」

後からフォローの言葉はありますが、頭ごなしに怒られていると思って、反発する人もいるかも知れません。後からのフォローの言葉は、とってつけたような、わざとらしいセリフに聞こえてしまいかねません。

言っている内容はまったく同じでも、人間の心理というのは不思議なもので、認められていることを前提に注意を促されると、素直に納得し、聞き入れ、これからは改めようと思うものです。

しかし、最初に否定されたり、先に叱られたりすると、「いつもはちゃんとしているのに、失敗した部分だけ見つけて怒るのか」といった自己弁護や言い訳を誘発してしまいかねず、注意が相手の心に届かずに終わってしまう可能性があります。

要は相手を認め、尊重した上で、叱ったり注意したりすることが大切であるということです。

また、叱るときとは反対に、**褒めるときはみんなの前で褒めるのを原則とすべき**でしょう。

叱るとき、褒めるときの原則

- 叱るときは1対1で　周りに聞こえないようにする
  ——ただし、部内で同じようなミスが頻発していたときに、部でいちばん仕事のできる部員を呼び、みんながいる前でミスを指摘することで、その他の人たちにも注意を促すという高等テクニックもある（のちのちのフォローが必要）。
- 叱る前にまず褒める
- 褒めるときは皆の前で褒める

「キミ、がんばってるな。営業成績もどんどん伸びているし、K社の部長からは『御社の○▽さんはいつも親身に相談に乗ってくれて、聞いたことには迅速、的確に答えてくれる』とお褒めの言葉をいただいたよ。私もうれしかった。これからもこの調子でがんばるように」

……といったことをほかの人がいる前で朗らかに話す。

当然、言われた当人はうれしいし、誇らしく思う。

それと同時に、周りにいる人たちも「よし、オレもがんばろう」という心持ちになるでしょう。

第三章
もう一人の自分

最近 連載陣からの牧の評判がいいぞ
色々アドバイスしてくれて助かるって
本当ですかっ嬉しい!!
どんなアドバイスしてるんだ?
もちろん池上さん直伝のノウハウですよ!
もっと色々教えてくださいっ!!
ま…まさか
池上さんに無理言って教えろって迫ってるんじゃないだろうな…
イメージ図

失礼な!
そんなことしませんよ!
バサッ
見てください!
独占インタビュー
池上 彰
池上 彰
伝える力
池上さんの書籍や雑誌などを研究したんです!
エッヘン☆
ほ〜
相変わらず研究熱心だな
ここで得た知識をお伝えしているんです
具体的には?
そうですね…
例えば自分の中に『もう一人の自分』を持つこととか

もう一人の自分？
文章や会話など物事を伝える時は独りよがりになってしまうことが多いそうです
そういうものは論理展開が一貫していなかったり文章がわかりづらかったり
そもそもつまらなかったりします
そうだな…
キミが以前書いてた企画書は自分一人で盛り上がってて意味不明だったもんな
うっ
そ…そんな失敗をしないためにもう一人の自分を作ってツッコミをさせるんです！
ツッコミ？

自分が書いたものや話した相手の反応を見て
本当にこれは面白いのか？
これで上司も納得するか？
新鮮味がないんじゃないのか？
というように第三者目線で確認するんです
なるほど
確かに…
へ…
深夜に書いたラブレターって翌朝読むととても読めたもんじゃないからな
それはちょっと違う気が…
けどそれに近いのが…
寝かせてから見直すという方法もありました
「伝える力」メモ!!
牧小春
一度寝かせてから見直すと
書いている時や書き終えた直後には気がつかなかった不十分な点に気がつくようになるんです
ほぉ

あと面白いのが
人に話しながら書く内容を整理するです
文章を書く前に人に話して反応を観察するんです
そうすることによって相手はどこに興味を持つのか逆にどこで退屈に感じるかなど
……
どういうことだ？
反応を見て文章の順番を変える手法です
なるほど…いいな その方法
プレゼンや企画書でも使えるじゃないか
そうなんですよ！
池上さんの伝える力ってどんなところでも応用可能なんです
牧 小春
伝える力
池上 彰

ガタ
そうか ありがとう
この調子で 頼むよ
ありがとう？ どうしたんですか らしくないっ
めずらし～
お前な…
今回の オウンドメディアは 俺の提案で 始まってるから 思い入れがあるんだよ
!
知らなかった…
オウンド メディアがあれば 直接お客様に思いを 伝えることができるし
お客様の声だって ダイレクトに聞けるだろ

確かに企業とユーザーを直接つなぐものって
広報部
昔は商品かマスメディアくらいしかなかったですからね
だからこのオウンドメディアは大切に育てていきたいんだ
私もうちのサイト好きですよ評判もいいですしね♪
嘘でしょ!?
ガタッ

どうかしたの?
先輩 大変です!
速報まとめ.com
うぐいすレストラン「温暖化で収穫が増えるんだったらずっと続けばいいのに」
うちのサイトの記事が炎上してますっっ!!
うぐいす レストラン
ええええええええ!?

炎上しないように細かくチェックしているはずなのに…！
見てください！
これが炎上元になったまとめサイトの記事です！
!?
うぐいすレストラン「温暖化で収穫が増えるんだったらずっと続けばいいのに」
２０ＸＸ年XX月ＸＸ日
3 : 20XX/XX/XX 14:52 ID:F67ujhRnlkMM7
もうこの会社がやってるレストラン行かない
14 : 20XX/XX/XX 14:58 ID:x8ihMbbl96
いくらなんでも自己中すぎｗｗｗ
32 : 20XX/XX/XX 15:10 ID:x5mki95
温暖化の異常気象で苦しんでる人もいるのに…
53 : 20XX/XX/XX 15:43 ID:k5gujbROO9
企業としてアウト
78 : 20XX/XX/XX 15:57 ID:kPP0hg6fjmo55
南極の
に謝れ
なんでこんな記事が…
温暖化が続けばいいって…
さすがにこれはまずいだろ…

違います!!
これはうちの連載記事から一部を切り取られているだけですっ!!
なんだと!?
カタカタ
これがうちの記事の全文です
Webマガジン
地球温暖化が進むと農業はどうなる？
『温暖化で収穫が増えるんだったらずっと続けばいいのに…と、思う人が増えたら大変なことになる』って——
これは温暖化を否定している文章だよな
そうなんです
まさか一カ所だけ切り取られて記事にされるなんて思わなかった…!

MAHOO！サーチ
うぐいすレストラン
ＲＴ：うぐいすレストラン「温暖化で
失言キター　このレストラン好きだ
まさかの温暖化擁護ｗｗ
にこれはありえない　#うぐいすレストラン
誤った記事がSNSでも拡散されて収拾がつかなくなっています！
！
なんてことだ…
せっかく順調に読者も増えてきてたのに…！
まずいな…
このままだとサイトを閉鎖せざるをえなくなるぞ
そんな…！
どうしますかっ
会社としても前例がないからな
ダッ
ひとまず上に報告してくる！

1時間後――
広報部
どうでしたか!?
とりあえず静観することになった
えっ!
早く手を打たないと他の執筆者にも迷惑がかかりますよっ
そんなことわかっている!
ただうちの記事はなにも悪いことを書いたわけじゃないだろ
下手なこと言えばかえって火に油を注ぐことにもなる
それはそうですが…

とにかく様子見だ
まずは他の執筆者に迷惑をおかけしたことを謝罪してきてくれ
俺はこの記事を書いてくれた筆者さんと今後の対応を話し合ってくる
は…
はい……
都内某大学
このようなことになって申し訳ありません!
今は誰でも自分の意見を発信できるようになったからね

気を付けていたつもりだったんですが…
ネットこそ『伝える力』が大事ですね
その通り
ネットは便利だが一方でリスクもある
Twitter
例えばみんなが気軽に使っているＳＮＳもそうだね
ＳＮＳ？
本人は仲間だけでやりとりしてると思っているかもしれないが
実際は渋谷のスクランブル交差点で道路の向こう側にいる友達に向かって大声で話しているようなものなんだ
まる聞こえじゃないですか！
まずはそんな状況で話していい内容なのかを常に考えないとね

ただそれは
個人の話
え…
今回は君の会社の
サイトで起こったことだ
責任は
サイト運営会社にもある
僕に謝るよりも
まずは読者に
謝らないと
まだ謝罪文
出してないでしょ?
は…はい…
おっしゃる
通りです…
ただ今回の件は
我が社には
落ち度がないというのが
会社の見解でして…
静観するということに
なっています――…

気持ちはわかる
ただ『正しいか正しくないか』とは別に
『今、何を言うべきか』を判断する能力はビジネスパーソンに求められる資質なんだよ
『今、何を言うべきか…』
実際悪いことをしたわけではないけれど
先に謝ることで問題が大事《おおごと》になる前に防げることは多いんだよ
そうなんですか？
例えばオリンピックなどで期待されていた選手がメダルを取れなかった場合
その選手は悪くないが一言
Olympic 20XX
期待していただいたのにすみませんでした
と言えば国民は『よく頑張ってくれた謝ることないよ』と温かく迎えてくれる
そうですね

けどもし
○×という理由で十分なパフォーマンスができなかった
などと冷静な分析をしていたら
多くの日本人は聞き苦しい言い訳だと受け取ってしまう可能性もある
日本人らしい話ですね
今回の炎上も同じ構図なんじゃないかな
!
一言謝られることでなんとなく納得しなんとなく許してしまうというのが日本人の感性だ
だったら一度サイト運営会社として謝ることは危機管理になると思うよ

…最近連載を始めて
いろんなところで
記事読んでますって
言われるようになったんだ
読者のことを
大切にしてね
ぎゅ…っ
うぐいす
レストラン
池上さんが
そんなことを…
私も池上さんと
同じ考えです
すぐに謝罪文を
リリースするべき
です！
まてまて
無理だ

気持ちはわかるが…
会社員である以上上の決定は絶対だ
そんなこと言っている間にどんどん炎上は拡大しますよ！
オウンドメディアを運営しているのは私たちじゃないですかっ!!
あぁ私いま感情で突っ走ってるなぁ…
『もう一人の自分』から客観的に眺めるとよくわかる…
さてこんな時はどうしたもんか——
池上さんが伝える時は
相手の立場になって伝えているように感じたんです
ほぉ
あ！
こんな時こそ『相手の立場になって伝える』だ！
高木さんはこのオウンドメディアには人一倍愛着がある
その高木さんの立場になって伝えるのよ！
——高木さん

私に話して くれましたよね
オウンドメディアがあれば 直接お客様に思いを 伝えることができるし お客様の声だって ダイレクトに聞ける
だから大切に 育てたいって
ああぁ…
実際たくさんの 書き込みもして もらえて ファンも増えました
今回炎上して我々に 問題があろうが なかろうが
一番心配しているのは ファンじゃないですか？
!
そのファンに対して 何もメッセージを 伝えないのは 裏切りになりませんか？
………ッ

確かにそうだな…
何も伝えないのは誠実な対応とはいえない
もう一度上にかけあってくる!
タッ
その必要はない
!?
社長!!
君たちの言う通りだ
お客様やファンのことを考えるとこのまま黙っているわけにはいかない

実はさっき池上さんからも連絡があってね
!
『せっかく評判がいいのにこんなことでサイトがなくなってしまうなんてもったいないですよ』
…と言われてしまったよ
池上さん…
すぐに謝罪文をアップしてくれないか
!!
はいっ!

第三章▼解説
文章力を伸ばすために、私がやってきたこと

「もう一人の自分」を育てる

物事を誰かに伝える場合は、独りよがりにならないようにすることです。そのためには、「もう一人の自分」を持って、それを育てていくとよいでしょう。

たとえば、思いついたアイデアや企画を書き出してみたとしましょう。

その際、書いたあなたが「なかなかいい出来じゃないか」と思ってしまったら、「もう一人の自分」がいるとはいえません。書いたあなたも、見直しているあなたも、どっぷりとそのままのあなたです。

「もう一人のあなた」がいたら、〝その人〟はどう見るでしょうか。

「そういえば、これ、三年ぐらい前にも流行《はや》ったたな」

ということに気がつくかもしれません。あるいは、

「でも、これ、ほんとにおもしろいのかな」

と一歩引いて見るかも知れない。あるいは、

「論理展開が一貫していないな」

「文章がわかりにくい」

「誤字脱字がたくさんあるじゃないか」

といったことに気がつくかもしれません。

これが、私が言う「自分の中にもう一人の自分」を持つという意味です。

もう一人の自分は、常に自分に〝ツッコミ〟を入れます。

「おいおい、これ、ほんとにおもしろいのか⁉」

「なんだよ、これ、なんの新味もないじゃないか」

「なんだか、読みにくい企画書だな。これじゃ、上司は中身がよくても読む気がしないな」

……

おいおい、改善の余地はまだまだあるぜ、というわけです。

こうして「もう一人の自分」を持つことで、**一人ツッコミ（あるいは〝一人ブレーンストーミング〟とも私は呼んでいます）**ができるようになります。

一人ツッコミは意外に簡単

一人ツッコミ（あるいは、一人ブレーンストーミング）は、書く行為だけではなく、話すときにも有効です。

たとえば、会議で発表しているとき、「反応がどうもいまひとつだな」と思う。

そうしたことに気がつくだけでも、「もう一人の自分」がいるといえそうですが、まだまだ不十分。十分な域に達するには、もう一歩進める必要があります。

「この状況は、言っていることがあまり伝わっていないんじゃないか。まずい、まずい。よし、じゃあ、別の方面から説明してみよう」

ここまで思えて、さらには実行に移せてこそ、もう一人の自分がしっかりとツッコミを入れているといえるのです。

うーん、なんか難しそうだな。不器用なオレにできるかな。面倒くさがり屋の私には向かないわ。……

そう思う人がいるかも知れませんが、これが意外にカンタン。**いったん〝クセ〟にしてしま**

うと、思いのほか、難しくないものです。

少しでもいいから、書くときも、話すときも「もう一人の自分」を常に意識する。そして、自分で自分にツッコミを入れてみる。

そうすることで、あなたの「伝える力」は確実に上達していくはずです。

プリントアウトをして読み返す

皆さんはメールを送るとき、書いた後、見直しをしてから送っているでしょうか？

親しい友人に送る場合は、思うままに書き連ね、そのまま送信しても構わないかも知れません。でも、取引先や顧客に送る場合は、それは危険です。

社内での企画書や上司に提出する報告書の場合も、少なくとも一回は見直すべきでしょう。

見直すことの効果については、多くの人が認識していることと思います。それは、書いているときには気がつかなかった多くのことに気がつくからです。

「誤字や脱字に気がつく」

「表現の不適切さ、幼稚さ、難解さに気がつく」

「論理展開が未熟なことに気がつく」

などなど、実に多くのことに、見直すことで気づきます。

今では、「書く」行為は多くの場合、「打つ」行為に変わりました。仕事でメールを送るのはパソコンですから、書いた文章を見直すのは、多くの場合、パソコンの画面上になります。しかし、これでは、見直す作業としては不十分。パソコンで書いた文章を画面上で見直しても、まだ十分には「もう一人の自分」が育っていないのです。

画面で二回、三回見直した後でも、プリントアウトをして、印字した紙を読んでみると、単純な誤字を見つけてしまうこともしばしばです。おそらくは画面上で読み返しているのはまだ「書いた自分」であって、プリントアウトした用紙を読むことで初めて「読み手」すなわち「第三者」の視点に立てるからでしょう。

あなたも試しに、これまでに送ったメールをプリントアウトして読み返してみてください。気がつくことが多いと思います。

「こんな誤字を書いていたんだ」

とか、

「この文章、意味がわからない。本当に私が書いたの!?」

とかいったことに、今さらながら気づかされて、思わず赤面してしまうかも知れません。

見直す行為は、できるだけプリントアウトをして行なう。

特に、重要な報告書や提案書などは、万全を期するために、そうすることをお勧めします。

寝かせてから見直す

見直しはプリントアウトをした上でも行なう。さらに欲をいえば、書いた後、しばらく「寝かせる」ことがより望ましいといえます。

寝かせる期間は、長い文章であれば、できれば一週間ほどです。

そのあいだ放っておいて、頃合いを見て、自分が書いた文書を見直します。

そうすると、書いているときや書き終えた直後には気がつかなかった不十分な点に気がつくものです。

本が出版される際は、著者が書いた原稿がすぐにそのまま本になるわけではありません。書いた原稿はいったん「ゲラ」と呼ばれる試し刷り（校正刷り）の形になります。

このゲラは、本の形にこそなっていませんが、文章の組み方は最終的な本とほぼ同じです。

著者が原稿を出版社の編集者に渡してからゲラができるまでには、一般的には、数日から二週間ほどかかります。その間、著者はほかの仕事をしていて、その原稿のことは忘れています。

何日か後に編集者からゲラを受け取ると、原稿を書いたときには気がつかなかった不備や論理展開の無理、誤字脱字などに気づくことがしばしばあります。

これも「寝かせる」ことの効用です。

そうはいっても、忙しい日常業務の中では、そんな悠長なことはやっていられないというビジネスパーソンも多いことでしょう。でも、仕事の段取りをうまくつけることで、ある程度はできるはずです。

たとえば、六月二〇日が期限の提出書がある場合、六月一九日に慌《あわ》てて書類作成をしているようでは、こうした見直し作業はできません。

この場合は、六月一二、三日ごろまでにひと通り書類を完成させ、一八、九日ごろに見直しするという方法をとらなくてはいけません。

これは一つの理想型ですが、ここまではなかなかできない、といった人は、**せめてひと晩寝かせてみてはどうでしょうか。**

二〇日が期限なら、一九日の帰社時間までにひと通りは仕上げます。翌朝、出社して再確認し、至らない点を訂正し、提出するなり、取引先に送付するなりします。そうすることで、大きなミスを未然に防いだり、至らない点を訂正したりすることができるようになるはずです。

少なくとも重要な書類に関しては、これぐらいの工夫や手間は惜しむべきではないでしょう。

上司や先輩に読んでもらう

この章では、自分の中に「もう一人の自分」を持って、第三者の目で客観的に自分が書いた文章を見つめることを勧めてきました。

もう一つ大事なことは、文字通りほかの誰かに、自分が書いた文章を読んでもらうことです。本書の読者の多くはビジネスパーソンでしょうから、読んでもらう人はたいてい先輩や上司、同僚になるでしょう。

「もう一人の自分」の目で自分が書いた文章を読み返すことは大切ですが、そうは言っても、どうしても自分の殻を抜け出せない部分があります。その殻は、自分の癖であったり、自分の限界であったりします。やはり文字通りの「他者の指摘」は不可欠です。

作家や評論家といわれる人たちが書いた原稿も、そのまま右から左へと本になっているわけではありません。間には編集者がいて、著者にいろいろな質問をしたり、意見を言ったりします。場合によっては、編集者によって、書き直しを要求されたりすることもあります。

そうしたやりとりがあって、

「ここはわかりにくかったのか」とか

「ここはいまひとつおもしろくないのか」とか

「文章がスッキリしていなかったんだな」といったことが初めてわかることもあるのです。

プロの作家ですらそういうことが往々にしてあるのですから、**書くことを専門の職業にしていないビジネスパーソンが、誰のアドバイスも受けることがないまま、わかりやすく、筋道の通った文章を書けるようになるとは思わないほうが賢明です。**

まずは自分の能力を謙虚に受け止めて、自分以外の人から学ぶ気持ちを持つこと。それが何より求められます。

人に話しながら、書く内容を整理する

書いた文章を見てもらうのではなく、書く前に先輩や同僚に話をしながら、書くべき内容を

整理するという方法もあります。

NHKの社会部に在籍していたころ、ある先輩記者は取材に行って戻ってくると、

「今日、取材先でこんなことがあってね」

とか、

「例の問題、解決できるかもしれない。実は、こういうことじゃないかな」

とか、周りの記者連中に話しかけていることがよくありました。

当時、私は「そんな油なんか売ってないで、早く原稿を書けばいいのに」と思ったりしたものです。

でも実は、その先輩はそう言いながら、周りの反応を観察し、なおかつその日、取材したことを自分の頭の中で整理し、原稿をどうまとめようか考えていたのですね。

たとえば、私が、

「へー、それ、おもしろいですね」

と言うと、彼は内心、

「そうか、やっぱり、これはおもしろいんだな」

と、再確認していたと思うのです。

ビジネスパーソンが報告書などを書く場合も、この方法は活用できるでしょう。打ち合わせや視察から帰ってきて、報告書などを書く場合に、同僚やアルバイトのスタッフなどに「これこれ、こういうことがあったんだ」と話しかけてみる。

その際、相手はどこに興味を持つか、あるいはどこで退屈そうにするか、反応を見てみる。**自分ではおもしろいと思っていたのに、周りはさほど興味を持たないこともあるでしょうし、反対に、自分ではそれほどおもしろくも重要でもない事項だと思っていたことに興味を示すこともあるでしょう。**

こうしたやりとりをしているうちに、自分の頭も整理され、何をどのように書けばよいのか見えてくることがあります。

もちろん「この問題、おもしろいと思う?」などと、ストレートに問いかけてみるのもよいでしょう。でも、何気ないやりとりから反応を見て、書く内容を整理するという方法もあることを知っておくとよいと思います。

ただし、話しかける際、周りの迷惑にならないように配慮するのは、社会人として当然のマナーです。

フォーマットを身につける

報告書や提案書、企画書を書くとき、企業や職場によるでしょうが、一般的には「フォーマット」が存在します。フォーマットとは、日本語でいえば、「一定の形式」のことです。たとえば、報告書の場合は、「目的」「経緯」「結論」などが必須項目になります。**報告書などをまとめる場合は、まず自社のフォーマットを知り、それに沿って文書を作成することが求められます。**それだけで、ある程度の文書は書けるようになるものです。

次にすべきは、よき文書を書くための努力。そのためには、**先輩や上司が書いた文書を見せてもらって研究すること**です。何人もが書いた幾種類もの文書を読み込んでいくと、それぞれの文書のよい面と悪い面が徐々に見えてくるようになります。

説得力の有無、論理展開の優劣、わかりやすさ、文章のリズム、誤字脱字など、気づくことは多いでしょう。

その次には、**できれば文章を書き写すこと**です。そうすることで、読んだだけではわからなかったそれぞれの文書のよい面、悪い面が、より明瞭に見えてきます。

私もＮＨＫに入局した当時は、何をどう書いたらよいのか、さっぱりわかりませんでした。経験がなかったのですから、当たり前です。

そこでとった行動は、先輩記者が書いた原稿を書き写すこと。

先輩や上司が書いた文書を書き写す作業は時間がかかりますが、読み込んだ中から「これは」と思うものを選び出して書き写してみると、学べることは多いはずです。

その際には、私の実感としては、キーボードで打ち込んでいくよりは、鉛筆やペンを使って手で書き写していくほうが、より勉強になるような気がします。

この言葉・表現は使わない①――「そして」「それから」

ここからは、私が自分の文章でなるべく使わないようにしている言葉について述べたいと思います。

まずは「そして」や「それから」の類です。

これらの接続詞が多い文章は、幼稚になりがちです。子どものころの作文を思い浮かべるとわかると思います。

朝起きたら、天気がよかったです。ねむかったけれども、がまんしてふとんから出ました。

そして、手と顔をあらいました。そして、きがえをしました。

それから、おかあさんが作ってくれたごはんを食べました。おかずは、みそしると目玉焼きとつけ物でした。とてもおいしかったです。

そして、歯をみがきました。そして、歯をみがいているとき、もっとしっかりみがきなさいと、おとうさんに言われました。ぼくは、ちゃんとみがいているのにな、と思いました。

それから、ランドセルを持って、学校へ行きました。そして、勉強しました。……


こんな調子です。

「そして」と「それから」がやたらに出てきますね。

小学生の低学年レベルでしたら、これぐらいの作文でも仕方がありませんが、大人、それもビジネスパーソンがこうした文章を書くようでは、仕事の能力を疑われてしまいますね。

本来、文章が論理的であれば、「そして」や「それから」は不要なはずです。

試しに、右に書いた小学生レベルの作文を、せめて中学生レベルにしてみましょう。

目を覚ますと、今朝も快晴。眠い目をこすりながら、なんとか布団《ふとん》から出ました。

まずは手と顔を洗い、着替えをすれば、眠気もすっかり吹き飛びます。母が作ってくれたご飯を食べて、気力とともに体力も充実させよう。今朝のおかずは、みそ汁と目玉焼き、それに漬け物と、至ってシンプル。でも、これがまたおいしかった。食後に歯を磨いていると、父に小言を言われてしまう。「もっと丁寧に磨いたらどうだ」と。これでも丁寧に磨いているんだよ、と内心思うが、口には出さず。バッグを持って、いざ学校へ。

いかがでしょうか。

文章の論理が続いていれば、あるいは、時間の経過が明らかならば、「そして」や「それから」を使わなくても、スムーズな文章を書けることがわかると思います。

むしろ、「接続詞を使わないで文章を書こう」と決意しますと、接続詞がなくても論旨が通るように文章の論理を研ぎ澄まさなければなりません。この努力を続けていくと、論理的で読みやすい文章が書けるようになるのです。

この言葉・表現は使わない②——順接の「が」

できるだけ避けたほうがよい言葉はほかにもあります。順接の「が」もその一つです。「〜ですが」「〜ではあるが」「〜だが」などの「が」は通常、逆接です。それまでの文章の内容をこれから否定する、ということです。

A．今月は売上げ目標に達しなかったが、来月こそ、きっと達成してみせる。

B．昨日はお客さまの前で失言をしてしまいましたが、もうあのような失態は演じません。どうかもう一度チャンスをください。

これらはいずれも逆接の「が」です。論理が明瞭で、わかりやすい。「が」の前と後で、意味が反対になっているからです。これが、本来の「が」の用法です。

では、次の「が」が入った文章はどうでしょうか。

C．今日はよい天気ですが、お元気でしょうか。

D．当店でお買い物いただくと、お手持ちのカードにポイントがつきますが、水曜日は二倍のポイントがつきます。

まずCについてです。

今日、天気がよいことと、相手が元気であるかどうかは、どういう関係にあるのでしょうか。あいまいですね。まあ、通常は無関係でしょう。論理的な表現ではないのです。

Dも、「が」の前後は反対の意味ではありません。

「当店でお買い物いただくと、お手持ちのカードにポイントがつきますが、水曜日は」ときますと、「ポイントはつかないのかな」と思ってしまいます。

ところが、「二倍のポイントがつきます」と、予想に反した言葉が続きます。これでは、相手によけいな神経を遣わせます。

では、どうしたらよいのでしょうか?

たとえば、

当店でお買い物いただくと、お手持ちのカードにポイントがつきます。水曜日はさらにお得で、通常の二倍のポイントがつきます。

などと表現してみてはどうでしょうか。このほうがずっとわかりやすいし、読み手や聞き手の心に響くはずです。

こうした順接やあいまい表現の「が」があると、文章は非常にわかりにくくなります。が、この「が」が横行しているのもまた事実です。

この「が」を使わないだけで、文章は格段に読みやすく、わかりやすくなります。

ただし、話す場合は、そこまで厳密に考えなくてもよいでしょう。使わないに越したことはありませんが、話し言葉は書き言葉に比べると、かなりいい加減であいまいです。そこまで話し言葉に制約を設けなくても、言いたいことが明瞭であれば、十分に通じます。

聞くほうも、文法を分析しながら聞いているわけではありませんから、あまり神経質になる必要はないでしょう。

しかし、文章を書く場合は避けるべきです。

この言葉・表現は使わない③——「ところで」「さて」

「ところで」や「さて」も使いすぎないほうがよいでしょう。論理の積み重ねの腰を折ってしまうからです。
次の文章を読んでみてください。

三丁目の駅前の立地条件を調査した結果、わが社としては、出店するのが望ましいと判断いたしました。

ところで、先ほど提案いたしました二丁目の店舗進出につきましては、メリットが大きくないと言わざるを得ません。

さて、三丁目の駅前の件です。なぜ、ここに出店するのがよいかと申しますと、〜〜〜。

少し極端な例ですが、話の筋道をたどっていくことが困難ですね。話す場合でも、話があちこちに行ってしまう話し方は好ましくありません。

取材を受けていて、「ところで」を連発するインタビュアーに会ったことがあります。聞かれたことについて私が答えると、「ところで、○△についてですが」と、別の話題に変えます。

私が言ったことについて、「もう少し詳しく聞かせてください」「へぇー、そんなことがあるんですか。でも、どうしてそうなったんですかね?」などとツッコミを入れてくれると、話が

深まるのですが、「ところで」と言われてしまうと、話が途切れ、深まりません。聞かれる側もいい気持ちはしないものです。このインタビュアーは、事前に用意した質問を順番に聞いているだけだったのです。

話題を変える必要があって、「ところで」や「さて」を使わざるを得ない場面はもちろんあるでしょう。でもそれは、一つのテーマについて突っ込んだ話をした後でのことなのです。

この言葉・表現は使わない④――「いずれにしても」

「いずれにしても」「いずれにしましても」は、絶対に使ってはいけません。

「いずれにしても」は、その直前まで書いていたことの論理に関係なく話を無理にまとめる行為です。場合によっては、それまでの論理の流れを否定しかねません。

次の文章を読んでみてください。

この新商品のよい点は主に三つあります。
一つは、正確で迅速な事務処理が可能になります。
二つ目として、経費が節減できます。

三つ目として、誰でも簡単に操作できることがあげられます。

いずれにしましても、この新商品は貴社に大きなメリットをもたらすはずです。

最後に「いずれにしても」と書いたのでは、前に書いていたことは何だったのか、ということになってしまいます。前段階であげたことが生かされていないのです。三つのよい点を自ら無視しているようなものです。

この場合なら、最後の一文はたとえば以下のようにしてみると、まとまりがよくなると思います。

以上の三点から、この新商品は貴社に大きな利益をもたらすと、自信を持って言うことができます。

こう書くことで、論理が一貫してつながることになり、三つあげたよい点が無駄になることはありません。

この「いずれにしても」は、文章を読んでいると、しばしばお目にかかります。

それまで、せっかく論理を積み上げてきても、このひと言があることで、それまでの論理展開が台なしになってしまいます。

あるいは、論理に無理があり、それをごまかすために、「いずれにしても」を入れて、無理にまとめようとしている文章もあります。

こうした「いずれにしても」の安易な使用は控えたほうがよいでしょう。

この言葉・表現は使わない⑤——メールの絵文字

いまやメールはビジネスにおいて必須の道具。朝に夕に、パソコンでメールをチェックするという人は多いはず。

プライベートでも、携帯電話を中心に、メールを使う人は急速に増えています。その影響か、絵文字や（笑）（涙）などの文字を使うビジネスパーソンも増えているようです。

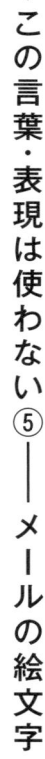

しかし、少なくとも仕事でメールを送るときには、これらの文字は使うべきではありません。

相手に幼稚な印象を与えるだけでなく、これらの文字は「逃げ」であり、「手抜き」でもあるからです。

文章は本来、相手が読むだけで、的確に理解できるものでなくてはいけません。たとえば、

この言葉・表現は使わない

① 「そして」「それから」

② 順接の「が」

③ 「ところで」「さて」

④ 「いずれにしても」

⑤ メールの絵文字や（笑）（涙）など

「悲しい」ことを文章で伝える場合には、それ相応の手間と能力を要します。

ところが、これが絵文字を使うと、簡単にできてしまいます。「昨日観た映画、すごく悲しかった。ウルウル(┬_┬)」などと書くと、なんとなく気持ちが伝わった気になります。

しかしこの文章では、どの場面がなぜ、どのように悲しかったのかは、まったく表現されていません。「ウルウル(┬_┬)」で逃げているし、それによって、思考も停止しているからです。

友人や恋人とのメールのやりとりなら、これでも差し支えないでしょうが、さすがにビジネスの場面で、こうしたメールは送るべきではありません。

また、文章だけで意思を伝えるには、表情が読み取れる会話よりも高度な技術が求められます。

たとえば、手紙やメールでちょっとした皮肉を言いたい場合、文章だけでそれを表現するには、前後の文章で、罪のない皮肉になるように工夫する必要があります。これには、かなり高度な技術を要します。

メールや手紙に「立派ですね」と書かれてあっても、本当に立派だと思ってくれているのか、皮肉で言われているのか、なかなかわかりません。

これに対し会話では、皮肉かどうか判断するのは容易です。「それは、それは、ご立派なことで」と言われた場合、その人の表情や仕草を見れば、言葉とは裏腹に、皮肉を言っていることがわかります。

文章だけで意思を伝えるのは、なかなか難しい作業です。それだけに、思考力も表現力も鍛えられます。

逆に、絵文字の使用に慣れてしまうと、掘り下げて考えなくなり、思考力も表現力も低下してしまう可能性があります。ビジネスパーソンが絵文字を使うのは、プライベート、それもごく一部に限定するのが賢明でしょう。

そのツイッターの内容、街中で叫べますか

インターネットでツイッターやブログを見ていて「そんなこと、書いてしまっていいの？」と思うことがあります。仕事中に上司の悪口を書き込んだり、お客さんの様子を綴ったり……。読んでいて、ハラハラすることがあります。

実際、会社員やアルバイトが顧客のプライバシーに関わることをツイッターに書き込んで問題になったことがいくつかあります。

一例を挙げると、あるスポーツ用品会社の銀座店に勤務していた女性のツイッター。来店したスポーツ選手夫妻を侮辱するような書き込みをして、大きな問題になりました。

インターネット上には彼女のプライバシーを詮索して暴露する内容が多数書き込まれてしまいました。会社はホームページで「お詫びとご報告」と題した謝罪文を掲載することに。本人は軽い気持ちで〝つぶやいた〟のかもしれませんが、あまりに大きな代償を払うことになってしまいました。

ある人に関する情報を何の気なしに書き込んだことによって、相手や所属している組織に多大な迷惑をかけ、自分の人生を棒に振ることもある。あるいは、名誉毀損など刑事事件に発展

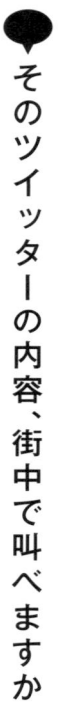

することもある。たった一四〇字足らずの〝つぶやき〟によって、昨日までの人生とまるで違う、過酷な人生が明日から始まってしまう可能性もあるのです。

では、書いてはいけない内容は何かといえば、まず許可を得ていない人の個人情報です。たとえ友人であっても、名前や所属している会社や学校、出身地などを勝手に書き込まれたら、誰だってよい気はしませんよね。

許可を得たとしても、悪口は慎むべきです。ツイッターやブログはスマートフォンやパソコンに文字を打ち込む行為ですが、**街中で大声でしゃべったり叫んだりする行為と同じと考えたほうがよいでしょう。**打ち込んだ文字は、不特定多数の人の目に触れることになるのですから。

となると、たとえば「〇×男はサイテーの野郎だよ！　顔も悪いし、頭も悪い。仕事も全然できないクズ野郎だ！」とか「□子はホント最悪！　頼むから消えてくれ」などといった暴言は書けないはずです。そんな暴言をたとえば新宿の雑踏の中で大声で叫ぶことなどしないでしょうから。

ツイッターやブログに否定的なことを書き込みたくなったら、「これは街中で大声で叫ぶことのできる内容か」と一度、冷静に考えてみることをおすすめします。

謝罪は危機管理になる

まんがで私が「まずは読者に謝らないと」と言っているシーンがありますが、ここで述べているように、悪いことをしたわけではないけれども謝罪の言葉を口にすることがのちのち有効に働くことがあります。

フィギュアスケートの選手だった渡部絵美さんは、冬季オリンピックでメダルを期待されていながら、転倒してしまい、メダルを取れなかったことがありました。

そのとき彼女は、終わった後にひと言「ごめんなさい」と言ったのです。

見ている人は「期待していたのに、メダル、取れなかったじゃないか」と思っている。多くの人が残念に思うと同時に、なんとなくカリカリしていました。

もちろんそんなことは、渡部さんの知ったことではありません。理屈で考えたら、彼女が謝る必要など何一つない。渡部さんは一所懸命やったけれど、結果としてうまくいかなかった。

ただ、それだけのことです。

でも、そこでひと言謝ったことで、日本中の雰囲気が変わったことも事実です。

「頑張ったのだから、そんな謝るようなことじゃないよ」「よくやったじゃないか」といった好意的な雰囲気が、メディアも含めて、一瞬のうちに多数派になったのです。「彼女が謝らなければならないほど、我々日本人は彼女に過大な期待を抱いて、プレッシャーをかけていたんだなあ」と、こちらが反省してしまうほどでした。

ひと言「ごめんなさい」と言ったことで、いらぬ批判を受けることを回避できたことになります。

もし彼女が謝ることなく、「こうこうこういう理由で、十分なパフォーマンスができませんでした」などと冷静に分析していたら、多くの日本人は聞き苦しい言い訳だと受け止めたかも知れません。

ひと言謝られることで、なんとなく納得し、なんとなく許してしまう。非常に日本的といえば日本的ですが、これが多くの日本人の感性です。

こうして見てみると、〝謝罪〟は危機管理になることがおわかりでしょう。

悪いこと、たとえば法令に違反したときなどはもちろん、悪いことをしたわけではないけれど、周囲の期待に応えられなかったときにも、謝ることで、反感を買ったり、問題が大きくなったりすることを未然に防げることが多いからです。

「正しいか正しくないか」とは別に、「今、何を言うべきか」を判断する能力は、ビジネスパーソンに求められる資質といえるでしょう。

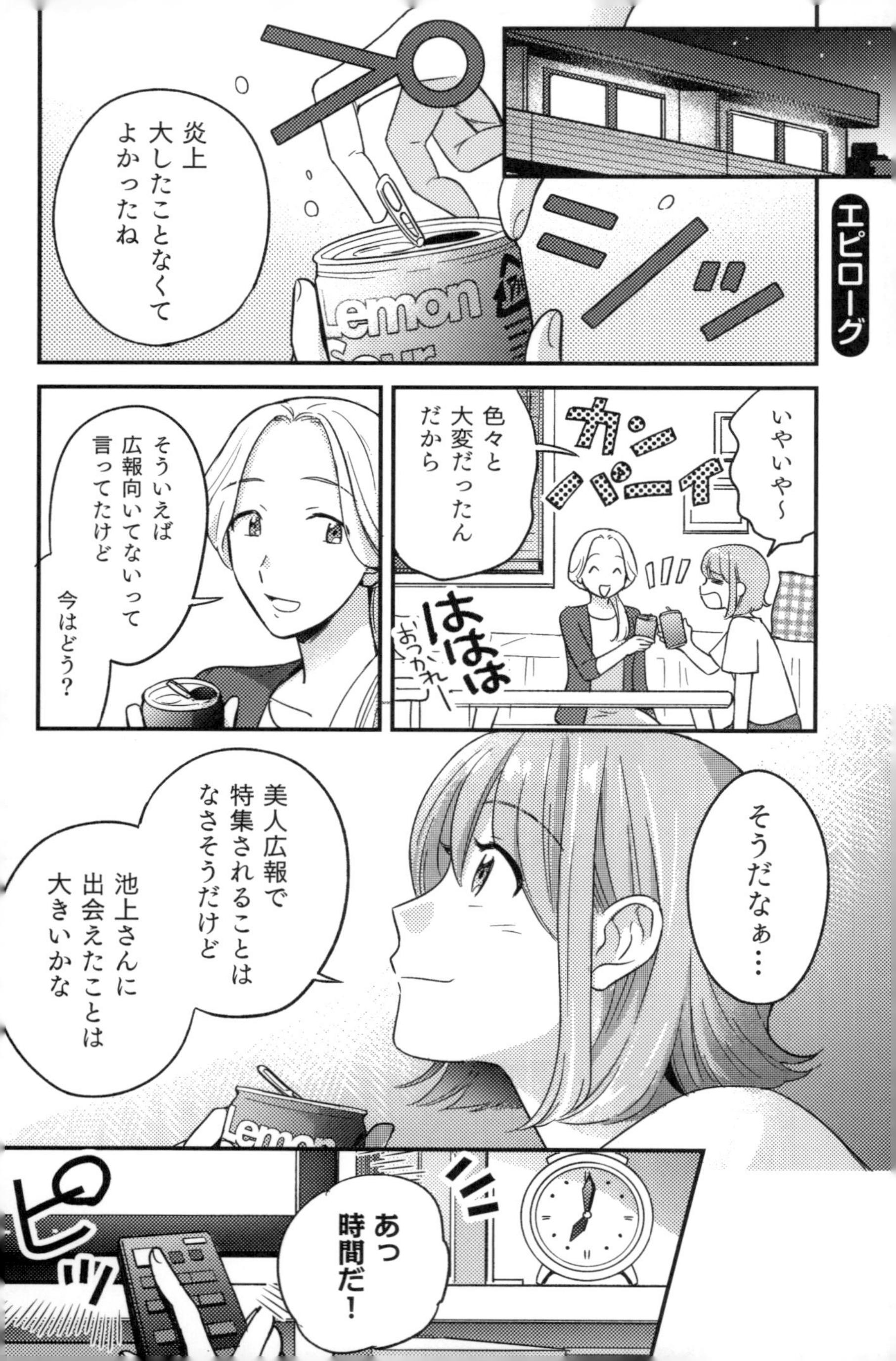

エピローグ
プシッ
炎上大したことなくてよかったね
いやいや～
カンパーイ
色々と大変だったんだから
ははは
おつかれ
そういえば広報向いてないって言ってたけど
今はどう？
そうだなぁ…
美人広報で特集されることはなさそうだけど
池上さんに出会えたことは大きいかな
あっ時間だ！
ピッ

池上彰の知ってお
ニュースS
あんた本当に池上さんが好きねぇ
そういえば『池上さんは生まれた時からコミュニケーション能力が高いんだろうな』ってあこがれてたもんね
池上彰の知っておきたいニュースSP
…うん
けど違った
え？
伝える力は技術によって身につくんだよ

〈著者略歴〉

池上　彰（いけがみ　あきら）

1950年、長野県生まれ。ジャーナリスト。名城大学教授、東京工業大学特命教授。

慶應義塾大学経済学部卒業後、73年NHK入局。報道記者として、松江放送局、呉通信部を経て東京の報道局社会部へ。警視庁、気象庁、文部省、宮内庁などを担当。94年11月より11年間NHK「週刊こどもニュース」のお父さん役を務める。2005年にNHKを退社し、現在はフリージャーナリストとして多方面で活躍。2016年、テレビ東京選挙特番チームとともに菊池寛賞受賞。

著書に『伝える力』『伝える力２』（以上、ＰＨＰビジネス新書）、『知らないと恥をかく世界の大問題』シリーズ（角川新書）、『教育激変』（佐藤優との共著、中公新書ラクレ）など。

【シナリオ】**星井 博文**（ほしい　ひろぶみ）
漫画原作者、漫画家。1977年、大阪府生まれ。
2006年、「ヤングジャンプ」にてデビュー後、ビジネス誌、青年誌、歴史本、広告漫画など幅広く原作を担当する。原作担当作に『まんがでわかる 伝え方が９割』（ダイヤモンド社）、『まんがでわかる LIFE SHIFT』（東洋経済新報社）、『マンガで身につく 多動力』（幻冬舎コミックス）などがある。

【作画】**anco**
漫画家。
デザイン専門学校在学中より作家活動を始め、企業広告やビジネスコミックを中心に、漫画・イラストの制作を行う。作画を担当したおもなビジネスコミックに『マンガ 最高の戦略教科書 孫子』（日本経済新聞出版社）、『コミック版 はじめての課長の教科書』（KADOKAWA）、『マンガでざっくり学ぶプログラミング』（マイナビ出版）がある。

【編集協力】株式会社トレンド・プロ
【取材協力】平出　浩
【解説文イラスト】マルムギコウジ

【装丁】一瀬錠二（Art of NOISE）

まんがで身につく「伝える力」

2019年12月24日　第1版第1刷発行

著　　者　池上　彰
シナリオ　星井博文
作　　画　anco
発 行 者　後藤淳一
発 行 所　株式会社ＰＨＰ研究所
東京本部　〒135-8137　江東区豊洲5-6-52
第四制作部　☎03-3520-9614（編集）
普及部　☎03-3520-9630（販売）
京都本部　〒601-8411　京都市南区西九条北ノ内町11
PHP INTERFACE　https://www.php.co.jp/
組　　版　朝日メディアインターナショナル株式会社
印 刷 所　株式会社光邦
製 本 所　東京美術紙工協業組合

ISBN978-4-569-84567-8

PHPビジネス新書

伝える力

200万部突破のベストセラー。ビジネス新書版では「相手を惹きつける話し方」「ビジネス文書の書き方」「上質なインプット」についても解説しています。

池上 彰 著

定価 本体800円
(税別)

伝える力2

『伝える力』の続編。敬語やスピーチなどの新トピックス、そして、「実は私も話しベタだった!」という池上さんの意外な過去の話も掲載。

池上 彰 著

定価 本体800円
(税別)